Impressum

2017
Buch »Freiraum für Träumer«

als Diplomprojekt entstanden an der
Höheren Graphischen Bundes-,
Lehr- und Versuchsanstalt
Leyserstraße 6, 1140 Wien

Herausgeberinnen
Victoria Herold, Judith Kaiser

in Kooperation mit der Dream Academia
Innovation & Technology Center, Industriegebiet 1
7011 Siegendorf, Dreamicon Valley

Gestaltung
Judith Kaiser

Verwendete Schriften
Vialog, Flood
Handschriften der Herausgeberinnen

Papier
Antalis, Olin Highwhite 120g/m^2

ISBN: 978-39504217-6-7

Freiraum für Träumer

Victoria Herold | Judith Kaiser

Recherche

06 Lebensträume
Wie finde ich meinen Lebenstraum?
Hindernisse am Weg zum Glück

14 Das Unterbewusstsein
Wie entsteht das Unterbewusstsein?
In welcher Welt leben wir
Der Mensch und seine Denkmuster
Die Schwierigkeit, Neues zu denken
Wenn Geld keine Rolle spielen würde
Von Gedanken und Konsequenzen
Vertrauen ist der Schlüssel

24 Affirmationen
Defintion Erfolg
Traum-Hindernisse
Erfüllt, was nun?
Alles im Leben hat einen Sinn
Ein Beispiel aus der Realität

Sag mir, was ist dein Traum?

34 Hermann Gams und Harald Katzenschläger
Dream Academia

40 Nora Demattio und Víctor Sales
ART HOUSE PROJECT

52 David Dietrich
flying tent

66 Peter Alexander Hackmair
teco7

74 Patricia Ricci
Villa Natura

88 Matthias Hombauer
How to become a Rockstar Photographer

104 Florian Fischer und Philipp Albrecht
HappyMed

112 Sarah Haas und Richard Preißler
students' innovation centre

122 Matthias Stelzmüller
DailySports

144 Franz Knipp
qnipp

156 Wolfgang Stricker
serendii

170 Romy Sigl
Coworking Salzburg

LEBENSTRÄU

Lebensträume sind langfristig wiederkehrende, intensive, hoch positiv besetzte Wünsche, Bedürfnisse und Gedanken in Bezug auf Personen, Dinge, Lebensumstände und Inhalte. Sich der eigenen Lebensträume bewusst zu werden und sie zu erfüllen, ist nichts, was Menschen, die wir im Fernsehen sehen oder über die wir in der Zeitung lesen, vorbehalten ist. Lebensträume gehen uns alle an. In jedem Leben gibt es unerfüllte Sehnsüchte, ungelebte Potenziale und geheime oder gar »verbotene« Wünsche.

Jeder Mensch hat Lebensträume. Ob verborgene oder stets bewusste, sie spielen eine große Rolle in unserem Leben. Besonders in der heutigen Leistungsgesellschaft, in der erfolgreich zu sein alles bedeutet und die Gesellschaft strenge Regeln vorgibt, ist es äußerst wichtig, sich auch über die eigenen Wünsche und Bedürfnisse Gedanken zu machen.

Manche Träume begleiten uns eine sehr lange Zeit, bis sie in Erfüllung gehen und manche entstehen erst im Laufe der Zeit. Auch durch unsere persönliche Weiterentwicklung können neue Wünsche und Ziele aufkommen.

Es ist keine Leichtigkeit, den eigenen Wünschen auf den Grund zu gehen, da sie meist hinter vielen Zweifeln und Ängsten verborgen sind. Oftmals trauen wir uns gar nicht, uns über unsere geheimsten Sehnsüchte zu äußern, aus Angst, dass sie sowieso nicht erfüllt werden oder die Gesellschaft sie als „Spinnerei" abstempelt. Jedoch können diese Wünsche nur erfüllt werden, wenn man diese Zweifel hinter sich lässt und vollstes Vertrauen darin hat, dass sich der Wunsch auf die richtige Weise erfüllen wird.

Es sind schon viele Bücher über den Weg zum Erfolg geschrieben worden, jedoch sind sich alle AutorInnen in einer Sache einig: Erfolg beginnt im Kopf. Jeder Mensch kann selbst bestimmen, in welche Richtung er sein Leben lenken möchte und das mithilfe der richtigen Denkweise.

» **Die Zukunft gehört**
Wahrhaftigkeit ihre

Jenen, die an die Träume glauben. «

Eleanor Roosevelt

Das Gesetz von Ursache und Wirkung, von positiven Gedanken, die man aussendet und die als Folgereaktion etwas Positives zurück bringen; wenn man das Konzept einmal verstanden und verinnerlicht hat, steht den eigenen Träumen und Wünschen nichts mehr im Weg.

Carl Gustav Jung
» 1875 in der Schweiz geboren
» war Psychiater und der Begründer der analytischen Psychologie

Der Psychologe und Traumforscher C.G. Jung ging davon aus, dass in unserem Inneren, unserem Wesenskern, schon bei der Geburt alles angelegt ist, was wir verwirklichen können und auch sollen, um ein erfülltes und authentisches Leben zu führen und glücklich zu sein.

Unser gesamtes Potential ist in unserem Wesenskern enthalten. Um dieses voll auszuschöpfen und es täglich zu leben, sendet uns unsere Seele immer wieder Lebensträume. Wenn wir uns nach diesen aus tiefstem Herzen sehnen, können wir sie auch realisieren; Potential allein ist aber leider nicht genug.

Ich muss auch bereit sein, mich für meine Träume voll einzusetzen. Nur an die Lebensträume zu denken bringt mich nicht zum Ziel. Die meisten Träume scheitern nicht, weil sie unerfüllbar sind, sondern weil die Menschen zu bequem sind und sich ständig vorsagen, warum etwas sowieso nicht möglich ist, statt sich zu fragen, was sie tun müssen, um sie zu realisieren.

Als Kind träumt man oft noch von einem aufregenden Job oder dem passenden Partner, doch je älter man wird, desto mehr übernimmt der Verstand die Kontrolle. Man ergreift einen vernünftigen Beruf, passt sich den Rahmenbedingungen an und macht genau das, was alle anderen auch machen. Aber warum schränken wir uns so sehr ein?

Viele denken, wenn man einmal den richtigen Job gefunden hat, kann man ein erfülltes und glückliches Leben führen. Aber es ist nicht nur der Beruf, der zu uns passen muss, sondern alles andere auch.

In der Mitte des Lebens erreicht jeder Mensch nochmal einen Punkt, an dem er sein Leben erneut in Frage stellt. Von C.G. Jung wurde dieser Moment der Zeitpunkt des Erwachens genannt. Dann ist die Zeit gekommen, unseren wahren Lebenskern zu befreien. Das bedeutet, das eigene Leben nicht mehr danach zu richten, was man sollte oder was der Allgemeinheit entsprechen würde, sondern die eigenen Prioritäten zu erkennen und persönliche und von äußeren Einflüssen unabhängige Ziele zu erreichen.

Niemand sollte sein Leben allein nach einem äußeren Maßstab, der Gesellschaft oder anderen Menschen ausrichten. Wir selbst können entscheiden, wo wir unser Leben verbringen, mit wem wir zusammen sein möchten, welchen Beruf wir ausüben oder wie wir aussehen wollen. Glück und Sinn im Leben finden wir aber nicht durch immer mehr werdenden materiellen Wohlstand, sondern durch die Realisierung unserer Lebensträume und Ziele.

Wie finde ich meinen Lebenstraum?

Manchmal wissen wir schon ganz genau, wie unser neuer Lebensabschnitt aussehen soll. Was wir verändern wollen und was wir nicht mehr weiter mit uns tragen möchten. Manchmal aber wissen wir nur, dass es nicht so weitergehen kann. Doch wir sind uns auch nicht ganz sicher, wie es stattdessen aussehen kann und was unsere Träume und Visionen sein könnten.

Ein guter Tipp und Wegweiser hierbei ist die Freude. Was habe ich als Kind gerne getan? Was hat mich mit Freude erfüllt? Diese Fragen sind eine gute Hilfestellung um herauszufinden, wie der neue Lebensabschnitt aussehen soll. Denn das, worin noch heute unsere Talente und Potentiale stecken, hat uns auch schon als Kind erfüllt. Und was wir voller Freude und Leidenschaft tun, wird auch automatisch Erfolg mit sich bringen.

Für wen beispielsweise gerade ein neuer beruflicher Lebensabschnitt beginnt, möglicherweise gleichzeitig mit dem Sprung in die Selbstständigkeit, der wird die Freude auch als guten Motivator kennenlernen. Motivation trägt uns weiter auf unserem Weg und lässt uns den nächsten Schritt tun, auch wenn der erhoffte Erfolg vorerst ausbleibt oder wir Widerstand erfahren.

Hindernisse am Weg zum Glück

Manchmal gibt es aber etwas, das uns daran hindert, unsere wahren Träume und unser Potential zu leben. Es sind die unbewussten, hinderlichen Überzeugungen, die dazu führen, dass wir unserem Ziel nicht näher kommen. Wir erkennen sie daran, dass sie uns ständig klarmachen wollen, dass unser Traum unrealistisch ist, unvernünftig, nicht zu schaffen oder nicht erlaubt ist. Bereits in unserer Kindheit verankern sich diese Überzeugungen in unserem Kopf. Wir lernen, was richtig und falsch ist, was wir glauben, realisieren zu können und was nicht. Wachsen wir in idealen Lebensumständen auf, verinnerlichen wir die Überzeugung, dass wir sehr viel oder sogar alles erreichen können. Wir glauben an unser Potential und leben unsere Träume. Sind die Lebensumstände nicht ideal, verinnerlichen wir Überzeugungen, die uns glauben lassen, dass etwas sowieso nicht möglich ist und diese hindern uns dann an der Verwirklichung unserer Träume.

Auch von anderen Menschen erfahren wir oft sofort Widerstand. Menschen sagen zu uns: Wie soll das gehen? Was denkst du dir dabei? Hast du das auch gut geplant? Und in uns beginnt das Kopfkarussell zu laufen: Kann ich das wirklich? Darf ich mir das zutrauen? Das Leben zu leben, das mich wirklich glücklich macht?

Jener Wesenskern, der uns tatsächlich ausmacht und beinhaltet, was wir wirklich sind, ist von vielen Schichten aus Konventionen, Gewohnheiten und Anpassungen verdeckt. Unsere Aufgabe ist es, diese Schichten wieder zu durchbrechen und unsere wahren Träume zu erkennen. Sonst fehlt uns Orientierung und ein klarer Weg im Leben. Ohne einen Lebensplan reagieren wir, statt zu agieren und tun, was andere wollen oder von uns erwarten, statt dem, was wir wollen und was wir von uns selbst erwarten.

Die Frage ist, wie viel Zeit wir uns tatsächlich nehmen, um an der Erfüllung unserer Lebensträume zu arbeiten. Wir müssen uns selbst und unsere Träume gründlich kennenlernen und bereit sein, Zeit und Energie zu investieren, um sie wahr zu machen. Nur so finden wir den Schlüssel zu unserem Glück. Träume müssen nicht in kürzester Zeit oder überhaupt zur Gänze erfüllt werden. Auch das Scheitern gehört dazu. Schon allein ein Ziel überhaupt anzustreben macht uns glücklich.

DAS UNTERBE

Unsere Gedanken sind, wie Forscher auf dem Gebiet der Neurologie herausgefunden haben, elektrische Impulse, die elektrische und chemische Umschaltungen im Gehirn bewirken. Wenn das Gehirn einen Gedanken produziert, so beginnt automatisch eine Reihe von Aktivitäten: Es reagiert darauf, indem es die entsprechenden chemischen Kontrollsubstanzen im Körper freisetzt und es dadurch das zentrale Nervensystem in Bereitschaft versetzt, entsprechend zu reagieren und zu handeln. Während wir den Gedanken denken, ist uns nicht klar, welche Auswirkungen dieser auf unser Gehirn haben wird. Unser Unterbewusstsein bestimmt, wohin diese neuen Informationen geleitet werden und was daraus entstehen wird.

WUSSTSEIN

Wie entsteht das Unterbewusstsein?

Das Unterbewusstsein ist mit einer Schallplatte ohne Rillen vergleichbar. Durch jedes Wort, das wir hören und jede Erfahrung, die wir machen, wird eine Rille in diese Platte geritzt. Die Rillen wurden tiefer, wenn wir etwas öfters hörten. Auch wie intensiv ein Erlebnis war, spielt dabei eine wesentliche Rolle. Unser Gehirn speichert das, was wir hören und erleben, als richtig und wichtig im Unterbewusstsein ab, ganz gleichgültig, welche Informationen es waren. Wir sind unserem Unterbewusstsein nicht ausgeliefert, jedoch benötigt es viel Ausdauer und Training, darin etwas umzuprogrammieren.

Das Unterbewusstsein und seine Rolle

Oftmals scheint es, als würden wir in zwei verschiedenen Welten leben: Einerseits in der externen, sichtbaren Welt und andererseits in der internen, unsichtbaren Welt. Durch die fünf Sinne erhält die äußere Welt Zugang zu dem eigenen Bewusstsein. Ebenso teilt man sich die externe Welt mit allen anderen Menschen, hingegen man die interne Welt zu seinem Eigen macht. Die innere Umgebung beschäftigt sich mit Gedanken, Gefühlen, Empfindungen, Vorstellungen, Überzeugungen und Reaktionen. Alles, was man denkt, fühlt oder einem missfällt, gehört zu der eigenen, internen Welt.

In welcher Welt leben wir?

Tatsächlich leben wir durchgängig in der inneren Welt. Auch wenn es einem nicht bewusst ist, so ist es stets die interne Umgebung, in der die wahre Existenz erfolgt. Das ist die Welt unseres Unterbewusstseins. Die Welt, in der man fühlt und leidet. Man sollte sich ihrer bewusst werden und sie wertschätzen, wenn man möchte, dass sich die eigenen Träume erfüllen.

Das Unterbewusstsein wird durch subjektives Denken beherrscht. Es ist besonders empfänglich für die eigenen Gedanken. Das Gesetz des Geistes besagt, dass die Reaktion oder Antwort des Unterbewusstseins immer exakt den Gedanken, auf die man die bewusste Aufmerksamkeit richtet, entspricht. Ebenso befolgt das Unterbewusstsein feste Prinzipien, nach denen alle Dinge arbeiten. Im Allgemeinen funktioniert es gemäß dem Gesetz des Glaubens.

Die duale Natur des Geistes von Bewusstsein und Unterbewusstsein ist in Wahrheit ein alleiniges, untrennbares Bewusstsein, jedoch sind in ihm zwei Sphären der Aktivität. Die beiden Bereiche haben verschiedene Aufgaben, denn jede dieser Sphären hat eigenständige Eigenschaften und Fähigkeiten. Das Alltagsbewusstsein erwartet Ereignisse und Dinge. Das tiefe Bewusstsein hat das Wissen, wie Erwartungen erfüllt werden können. Durch die interne Welt der Gedanken und Gefühle wird die externe Welt erschaffen. Somit ist sie die einzige schöpferische Kraft, mit der es möglich ist, die äußere Welt zu formen – bewusst oder unbewusst.

Unsere unterbewussten Überzeugungen und Anschauungen erteilen uns Anweisungen, sie kontrollieren jede unserer bewussten Handlungen. Das Unterbewusstsein unterzieht sich klaren, gültigen Gesetzen. Gesetze, die dazu beitragen, sein Inneres einzuschränken, können wiederum auch zur Befreiung führen. Man kann eine negative Gewohnheit in eine positive transformieren, wenn man sich auf die positive, neue Absicht immer wieder beharrlich konzentriert. Der eigene Wille zählt, um etwas in seinem Leben verändern zu können.

Gewohnheiten werden gebildet, indem man Gedankenmuster und Handlungen ständig repetiert, bis sich das Unterbewusstsein dieses Muster eingeprägt hat. Eine solche Einprägung erlangt man durch Wiederholung, Glauben und Erwartung. Durch tiefe Überzeugung und permanente Wiederholung kann man erreichen, dass der bewusste Wille auch den Zustand eines unterbewussten Willens annimmt. Somit sabotiert das bewusste Verlangen nicht das unterbewusste.

Der Mensch und seine Denkmuster

Durch äußere Einflüsse, die seit unserer Geburt an auf uns wirken, sind wir gefangen in Denkschemata. Unser Gehirn versucht ein Leben lang auf diese zurückzugreifen, wenn wir uns nicht von ihnen loslösen.

Durch solche Denkmuster erkennen wir die Vielfalt und Alternativen in jeder Situation nicht mehr. Wenn wir uns dessen nicht bewusst werden, vergleichen wir andauernd alles mit Zurückliegendem, egal ob es sich um negative oder positive Erfahrungen handelt.

Wir Menschen verändern uns stetig, auch ohne es zu merken. Nur die Muster, in denen wir denken, bleiben die alten. Denkt oder macht unser Gehirn etwas mehrere Male, dann handeln und reagieren wir nach einer bestimmten Zeit automatisch in diesem Raster, ohne die Situation wieder neu zu betrachten und erneut zu bewerten. Das Gehirn will Vergleiche aufstellen und anhand diesen urteilen, handeln oder reagieren wir auf eine bestimmte Art.

Die Schwierigkeit, Neues zu denken

Indem wir neue Gedanken denken, können wir auch Neues tun. Was bedeutet das fürs eigene Leben? Wenn das, was ich bisher getan habe, mich nicht dahin gebracht hat, wohin ich will, dann kann es hilfreich sein, neue Gedanken zu denken. Neue Gedanken stören unsere gewohnte Komfortzone, in der wir uns wohlfühlen und uns nichts passieren kann. Wir verlassen sie nur ungern, weil wir uns darin sicher fühlen und wir dadurch kein Risiko eingehen müssen. Um neue Gedanken zuzulassen, müssen wir uns von inneren Blockaden lösen. Die meisten Blockaden befinden sich in unserem Unterbewusstsein. Sie hindern Menschen daran, erfolgreicher und glücklicher zu werden und wirken „vollautomatisch".

Wenn Geld keine Rolle spielen würde

Alan Watts
>> 1915 in England geboren
>> war Religionsphilosoph und freier Schriftsteller

Alan Watts befasste sich vor allem mit der Philosophie des Zen, des Buddhismus und des Daoismus. Nach deren Prinzipien versuchte er die Frage nach dem Ziel und Sinn des Lebens zu beantworten. So stellte er sich die Frage: „Was wäre, wenn Geld keine Rolle spielen würde?" Die Antwort beschreibt kritisch die einseitige Jagd nach Geld und einer falschen Lebensausrichtung, ohne die eigenen Wünsche, Talente und Leidenschaften dabei zu beachten. Dabei soll der Mensch nur Tätigkeiten ausüben, die er liebt, anstatt sich mit etwas zufrieden geben, nur weil es Geld bringt. Wenn der Punkt gekommen ist, an dem wir wissen, wie wir unser Leben genießen würden, ist es nur noch wichtig, genau das zu tun und das „Geldproblem" zu vergessen. Wenn wir unsere Arbeit lieben, können wir Experte darin werden und so sind wir auch in der Lage, damit Geld zu verdienen. Zuerst ist es aber wichtig, die Prioritäten richtig zu setzen.

Von Gedanken und Konsequenzen

Das Denken gestaltet unsere Welt. Alles, was existiert, muss zuerst in Gedanken gelebt haben. Es kann nichts produziert, konstruiert oder erschaffen werden, ohne zunächst den Zustand eines Gedankenbildes erreicht zu haben.

Gedanken sind wie Dinge. Der geistige und psychische Bereich sind eng miteinander verbunden. Der bewusste Verstand greift eine Vorstellung auf und dabei entsteht eine Schwingung im Nervensystem. Von dort aus wird ein Impuls an das autonome Nervensystem weitergeleitet. So erreicht es das Unterbewusstsein, das erschaffende Medium.

Man muss sich immer wieder bewusst machen, dass das eigene Denken stets Reaktionen bewirkt. Das, was man aussendet, kehrt zu einem zurück.

Oftmals denkt der größte Teil der Menschheit nicht wirklich. Die meisten Menschen glauben nur, dass sie denken. Jedoch bedeutet wirkliches Denken, dass man ein vollkommenes Bewusstsein für die eigenen Gedanken und deren folgenden, konsequenten Reaktionen entwickelt.

Im wahrhaftigen Denken gibt es keinen Platz für Sorgen. Es existiert keinerlei Angst oder Verneinung. Bei unterstützenden Affirmationen ist es vor allem wichtig, Worte wie „nein", „kein", „nicht" zu vergessen. Man soll sich stets Gedanken und Ideen vorsagen, die ausschließlich positiv formuliert sind. Denn nur positive Gedanken können Positives anziehen.

Gedanken der Furcht können nur entstehen, wenn man äußerlichen Dingen eine ursächliche Wirkung gibt. Und das ist der Punkt. Alles Externe ist immer nur Wirkung. Die alleinige Ursache sind die Gedanken.

»**Unser Denken kann entweder das Schloss oder der Schlüssel zum Erfolg sein.**«

Robin Müller

Vertrauen ist der Schlüssel

Zum Glück gehört Vertrauen ins eigene Bewusst- und Unterbewusstsein. Es besteht die Möglichkeit, dass man erlernt, dass auch das Unterbewusstsein auf das gewohnheitsmäßige Denken reagiert. Wenn man die eigenen Gedanken sorgfältig auswählt, kann man auch die Reaktionen auf das Leben bewusst wählen und sich somit ein Leben nach den eigenen Vorstellungen und Wünschen erschaffen. Durch das Zusammenwirken von Bewusstsein und Unterbewusstsein wird es zur Gesamtsumme der bewusst getroffenen Entscheidungen.

Vertrauen ist überaus wichtig, um erfolgreich wünschen zu können. Es schafft den Glauben an die Erfüllung eines Wunsches.

Man sollte sich darüber im Klaren sein, dass das Unterbewusstsein deduktiv arbeitet. Es verwirklicht in logischer Folgerichtigkeit all jene Gedanken, Gefühle und Bilder, mit denen sich das Bewusstsein grundlegend beschäftigt. Es lässt die Resultate des Denkens sichtbare Gestalt im Leben annehmen.

Sobald das Unterbewusstsein einen Gedanken oder eine Idee akzeptiert hat, beginnt es umgehend mit dem Verwirklichungsprozess. Es besitzt nicht die Fähigkeit, zu unterscheiden, ob es eine positive oder negative Idee ist, sondern verwirklicht alle gleichermaßen. So wird das, was man innerlich als wahr empfindet, im Leben zu erfahrbarer Realität. Es handelt sich dabei um das Gesetz von Ursache und Wirkung, welches universelle Gültigkeit hat.

Jeder Einzelne besitzt die Autonomie, seine Gedanken frei zu wählen. Jeder Mensch trägt die Verantwortung dafür, ob man sich für positive oder negative Gedanken entscheidet. Entsprechend unserer Wahl wird sich unser Leben nach diesen Gewohnheiten gestalten.

AFFIRMATIO

» Im 19. Jahrhundert machte ein französischer Apotheker eine besondere Entdeckung: Er stellte fest, dass die Heilwirkung des Medikaments, das er seinen Kunden überreichte, von den Worten abhing, mit denen er dies tat. Sagte er zu den Patienten dabei: „Ihr Arzt hat gut gewählt, dieses Medikament hat schon so vielen geholfen und wird auch Ihnen helfen, Ihnen wird es bald wieder gut gehen.", ging es den Patienten in kürzester Zeit besser. Übergab er das Medikament jedoch ohne Kommentar, war die Heilwirkung wesentlich geringer. Aus dieser Erfahrung entwickelte der Apotheker eine eigene Heilslehre, mit der er schnell weltberühmt wurde. Sein Name war Émile Coué, und die von ihm entdeckte Gesetzmäßigkeit hat heute noch genauso Gültigkeit wie damals. «

Man vermutet, dass jeder Mensch in der Lage ist, seinen seelischen und körperlichen Zustand erheblich zu verbessern, wenn er sich selbst Affirmationen vorspricht. Gedanken und Vorstellungen haben unmittelbare Auswirkungen auf den Körper. Er reagiert in den meisten Fällen so, als ob das Gedachte tatsächlich geschehen würde.

Durch Affirmationen gewinnen wir in unserem Unterbewusstsein eine völlig neue Perspektive. Aufgrund der starken Beeinflussung der Gedanken auf den Gefühlszustand und somit auch auf die Verhaltensweise, ist dies ein unverzichtbarer und besonders wichtiger Schritt.

Gedankliche Gewohnheiten formen Glaubenssätze. Glaubenssätze formen unser Unterbewusstsein und unser Unterbewusstsein formt unsere Realität. Auch wenn für uns die Veränderung nicht immer unmittelbar zu erkennen ist, lenkt eine passende Affirmation das Denken und Handeln immer in die gewünschte Richtung. Das liegt daran, dass das Unterbewusstsein wesentlich mehr weiß als das Bewusstsein. Man muss aus tiefstem Inneren von einer Sache überzeugt sein, jeglicher Zweifel führt zu Misserfolg. Affirmationen stärken das Vertrauen, wenn sie regelmäßig und intensiv angewandt werden.

Ein wichtiger Punkt ist das Integrieren in den Alltag. Es gibt viele Arten, Affirmationen anzuwenden. Im Allgemeinen denken wir nur an das stille Aufsagen der Sätze. Dabei wirken sie noch besser, wenn sie laut gesprochen werden, weil die Worte konkret ausformuliert werden müssen und der Inhalt gleichzeitig auch vom Gehör aufgenommen wird. Je regelmäßiger wir sie nutzen, desto stärker fließen diese neuen Gedanken in unser Unterbewusstsein ein. Ihre Wirkung erzielen sie oft erst nach Wochen oder Monaten. Das ist durchaus verständlich, wenn man bedenkt, dass man jahrelange Gedankenmuster auflösen möchte.

Es kann auch helfen, die Affirmationen mit positiven Gedanken zu verbinden. Die besten emotionalen Zustände dafür sind Vorfreude und Dankbarkeit. Manchmal ist es sinnvoll, sich zusätzlich auch ein Bild oder einen kurzen Film der Zielvision vorzustellen. Je intensiver dadurch die Vorfreude ist, desto stärker ist das Unterbewusstsein davon überzeugt, dass das Ziel erreicht wird. Damit die Vorfreude die Wirkung der Affirmationen auch tatsächlich verstärkt, muss sie authentisch empfunden werden. Mit dem Gefühl der Dankbarkeit verdeutlichen wir unserem Unterbewusstsein, dass sich alles in unserem direkten Umfeld befindet, was wir benötigen, um unsere Ziele zu erreichen und glücklich zu sein.

Definition Erfolg

Was ist Erfolg eigentlich? Erfolg bedeutet für jeden von uns etwas anderes. Manche Menschen konzentrieren sich auf materielle Dinge oder Reichtum, andere wünschen sich eine große Familie, viele Freunde oder einfach nur den Traumberuf. Jeder Mensch definiert also immer für sich selbst, was für ihn Erfolg ausmacht. Eines jedoch ist für Erfolg allgemein gültig: Das Gesetz der Anziehungskraft. Erfolg zieht weiteren Erfolg nach sich.

Alle erfolgreichen Menschen verfügen über ein gemeinsames, auffallendes Merkmal: Sie besitzen die Fähigkeit, Entscheidungen zu treffen und an diesen mit Beharrlichkeit festzuhalten, bis das Ziel erreicht ist. Natürlich gehört die Gelassenheit und Lockerheit dazu, aber ebenso muss man lernen, auf sein Bauchgefühl zu hören und sich zu entscheiden. Oft warten Menschen jahrelang, in der Hoffnung, jemand würde ihnen die Entscheidung abnehmen und es würde sich von selbst regeln. Erfolgreiche Menschen glauben nicht an den Zufall, sondern an das Gesetz von Ursache und Wirkung.

Traum-Hindernisse

Zwar braucht man sonst keine Dinge wie zum Beispiel Materielles oder finanzielle Mittel für den Weg zum Erfolg – allerdings ist diese Bewusstseinsentwicklung oft ein harter Weg. Man fällt schnell in alte Gewohnheiten zurück – da es doch so viel leichter und gemütlicher ist, als wirklich ständig an sich arbeiten zu müssen. Oft braucht es nur eine Kleinigkeit, damit man selbst aus dem Gleichgewicht gerät und die alten Zweifel wieder zum Vorschein kommen.

Viele Menschen, sehr oft auch Verwandte und Freunde, werden sich als Gegner herausstellen. Es kommt schnell mal ein „Das funktioniert doch nie!" oder ein „Wie stellst du dir das vor? Das ist doch Unfug!" über die Lippen.

Solche Aussagen, besonders von Menschen, von denen man sich Unterstützung erhofft, können einen schnell wieder runterziehen. Dabei ist es äußerst wichtig, ohne Unsicherheiten und Grenzen zu denken. Oft sind Menschen, die so reagieren, selbst unfähig, über ihre eigenen Träume und Wünsche überhaupt nachzudenken. Sie besitzen nicht die Fähigkeit, zu verstehen, weshalb man sich nach „mehr" im Leben sehnt und warum man bestrebt ist, danach zu suchen.

Es ist auch nicht unsere Aufgabe, andere Menschen von der Einstellung des positiven Denkens zu überzeugen, wenn sie es gar nicht möchten. Der eigene Erfolg spricht dann lauter, als alle gesagten Worte davor.

Für die meisten Menschen zählt nur das Resultat, der gegangene Weg dorthin bleibt oft uninteressant und bedeutungslos. Um seine eigenen Träume verwirklichen zu können, gehört eine große Portion Mut dazu. Mut, für sie einzustehen und Mut, für sie zu kämpfen, gleichgültig, was andere Menschen darüber meinen.

Es gibt unzählige Geschichten von Personen, die berühmt geworden sind und ganz unten angefangen haben. Aus Träumen ist Wirklichkeit geworden, weil diese Menschen sich nicht von ihrem Weg haben abbringen lassen und an sich geglaubt haben. Und natürlich hatten auch sie viele Gegner und Feinde, die ihnen ihren Erfolg und ihr Glück nicht gegönnt haben. Darum gilt es, nicht aufzugeben und vor allem Vertrauen und den Glauben an sich selbst niemals zu verlieren.

Erfüllt, was nun?

Genießen! Das gehört einfach zum Leben und trägt vor allem dazu bei, zu erkennen, was man erreicht hat. Es kann natürlich vorkommen, dass man auf dem Weg zu seinem Traum erkennt, dass sich dieser weiterentwickelt hat. Möglicherweise haben sich neue Perspektiven ergeben und eine andere Betrachtung aufgezeigt, an die man vorher überhaupt nicht gedacht hat. Aber so ist das Leben, es steckt voller Überraschungen und ist in stetem Wandel.

Alles im Leben hat einen Sinn

Die Frage nach dem Sinn des Lebens ist sehr alt und nur schwer zu beantworten. Das Leben hat keinen objektiv gültigen Sinn, es kommt ganz auf die Sichtweise an. Für die Wissenschaft ist der Sinn unerklärlich, auch wenn er sich in jedem von uns, wenn auch in unterschiedlicher Ausprägung, befindet. Er besteht darin, sich selbst zu erleben und Erfahrungen zu sammeln. Der Sinn des Lebens ist keine externe Norm oder ein festgelegter Wert, er ist der rote Faden, der uns vorantreibt und Menschen eine gute Basis zur Selbstreflexion bietet. Wenn mir eine Sache, ein Erlebnis oder eine Erfahrung durch die Reflexion sinnig erscheint, wird sie durch diese Erkenntnis sinnvoll.

Unser Sein füllen wir dort mit Sinn, wohin wir unsere Sinne lenken. Es ist kein Zufall, dass unsere Wahrnehmungsfähigkeiten als Sinne bezeichnet werden. Die Frage ist, welchen Wert wir den Bildern, Eindrücken und Empfindungen geben, die wir mit unseren Sinnen wahrnehmen und wie wir diese miteinander verknüpfen.

Eine zeitgemäße Antwort auf die Frage nach dem Sinn des Lebens kann von der Wissenschaft nicht allein geliefert werden. Hier ist vielmehr das achtsame Betrachten aus einer Fülle an Lebenserwartungen hilfreich. Das ist aber auch keine Sache des Alters, sondern eine Frage des Erlebten. Es gibt viele Menschen, die viele Jahre fast immer das Gleiche machen und daher einen anderen Erfahrungsschatz haben, als andere, vielleicht jüngere Menschen, deren Leben durch größere Veränderungen geprägt ist.

Mit der Annahme, dass alles, was wir erleben, gemacht haben oder gerade tun, Sinn macht, verändert sich unsere Perspektive radikal. Dann können sich Geschehnisse neu ordnen und es entstehen völlig neue Gedankenverknüpfungen. Folgen wir dieser Annahme wirklich einmal, lernen wir zu verstehen, warum wir mit unseren Annahmen, unserem Denken und Verhalten die jeweiligen Erfahrungen gemacht haben. Wir können verstehen, dass wir manche Erfahrungen nur gemacht haben, um sie durchlebt zu haben.

Alles hat dazu geführt, dass wir uns auf unserem jetzigen Standpunkt befinden. Wenn solche Erkenntnisprozesse zu wirken beginnen, lösen wir uns immer mehr von den Ergebnissen unserer Handlungen und erschaffen den Raum des Beobachters. Durch ihn erfahren wir noch tieferes Verstehen und Frieden mit uns selbst. Menschen, die sich in diesem Beobachtungsraum wiederfinden, erhalten einen neuen Ansatz für das Herangehen an ihre Lebensträume.

Sie fühlen sich sinnerfüllt und kommen in deutlichen Schritten ihrer wahren Bestimmung näher. Kurzgefasst kann man sagen, dass der Sinn des Lebens darin besteht, in Einklang mit sich selbst zu kommen.

Ein Beispiel aus der Realität

» **Ich wusste von dem Moment an, als ich das Gebäude betreten hatte, dass ich hier hingehöre.** Es war ein Gefühl, das man nicht beschreiben konnte, ich war mir einfach absolut sicher, dass das, wofür ich mich entschied, richtig war. Obwohl ich erst dreizehn Jahre alt war, wusste ich ganz genau, was ich einmal in meinem Leben erreichen wollte. Und mein Bauchgefühl sagte mir, dass dies ein Schritt in die richtige Richtung war. Ein bisschen unglaublich war es natürlich schon, jemand wie ich von einem kleinen Dorf sollte in Wien eine Schule besuchen, obwohl es üblich war, am Land zu bleiben. Es gab genügend verschiedene Möglichkeiten, um eine Weiterbildung in der Nähe zu machen. Warum also sollte man sonst freiwillig vier Stunden am Tag pendeln, nur um eine Schule zu besuchen? Aber für mich war es nicht einfach nur eine Schule. Für mich war es mein absoluter Traum, dorthin zu gehen. Ich weiß nicht, wie viele Tage der offenen Tür ich wirklich besucht hatte, aber ich nutzte jede Gelegenheit, um dorthin zu fahren. Bei jedem Betreten des Gebäudes war ich überzeugter, dass es das Richtige für mich war.

Ein Jahr verging und der Tag des Aufnahmetests kam. Ich war supernervös, aber dennoch hatte ich es in die zweite Runde zum Mappengespräch geschafft. Dann, nach Monaten die Enttäuschung: Warteliste. Aber ich gab die Hoffnung nicht auf, ich wusste tief im Inneren, dass das meine Schule war und ich aufgenommen werden würde. Weitere Monate vergingen, ich weigerte mich aufgeben und mich an einer anderen Schule anzumelden. Aber der September kam und nun musste ich mich doch an einer anderen Schule eintragen. Selbst das konnte meinen Glauben, die Nachricht würde in der ersten Schulwoche eintreffen, nicht trügen. Es musste einfach passieren! Ich war mir doch so verdammt sicher!

Damals war das die bitterste Enttäuschung für mich, hatte ich doch allen erzählt, ich würde diese Schule besuchen. Es war eines der härtesten Jahre in meinem Leben für mich, ich war gefangen in einer Schule, die mich überhaupt nicht interessierte und unglücklich machte. Also entschied ich mich, es noch einmal an meiner Traumschule zu versuchen, diesmal still und heimlich. Und diesmal sollte ich für meine Ausdauer und meinen Ehrgeiz belohnt werden. Als ich das Ergebnis erfuhr, wusste ich nicht, ob ich weinen sollte (aus Freude und Trauer gleichzeitig) oder ob es für mich überhaupt nicht überraschend kam.

Ebenso hatte ich mich zu dieser Zeit viel mit Affirmationen beschäftigt, denn sie gaben mir den Mut, meinen Glauben nie zu verlieren und meinen Zweifeln keine Chance zu geben.

Der Wunsch wird immer erfüllt, aber manchmal auf eine Art und Weise, die wir nicht kennen können. Darum müssen wir offen sein für Zufälle und darauf vertrauen, dass sich alles zu dem eigenen Besten wendet.

Für mich persönlich hatte es sehr viele Vorteile, erst ein Jahr später aufgenommen zu werden, auch wenn es zu dem damaligen Zeitpunkt sinnlos und unverständlich erschien. Aber solche Dinge weiß man erst aus reflektierender Sicht und das ist auch ganz gut so. «

Eine Schülerin der Graphischen, 2016

Sag mir,

was ist dein Traum?

Was ist dein Traum?

In den nächsten elf Geschichten werden Sie immer wieder von Hermann Gams und Harald Katzenschläger „Katzi" hören. Die beiden Visionäre haben ein Netzwerk an Träumern, Denkern und Optimisten geschaffen, die einander bei der Entwicklung ihrer Träume unterstützen und haben sich damit ihren eigenen Traum erfüllt.

Der Name „Dream Academia" basiert auf Leonardo da Vinci's Idee, eine freie Gemeinschaft zu gründen, mit deren Hilfe ihre Mitglieder sich durch gemeinsame Arbeit und einen allgemeinen Austausch gegenseitig befruchten. Dabei werden Werte wie Vertrauen, Serendiptiy – der „glückliche" Zufall, Freiheit, Ehrlichkeit und gegenseitiger Respekt vor den Träumen jedes Einzelnen geschätzt.

Im Herzen des Dreamicon Valley, einem Ort, an dem Träume laut ausgesprochen werden dürfen, bieten sie Menschen die Möglichkeit, einen Augenblick in ihre Traumwelt einzutauchen, um dort ihren Visionen und Gedanken freien Lauf zu lassen. Denn nichts ist wichtiger, als die Barrieren im Kopf verschwinden zu lassen und Freiraum für Inspiration zu schaffen.
Text: Judith Kaiser

„Wir haben uns bewusst

„Das Unmögliche ist nur das Mögliche, um dessen Verwirklichung sich noch niemand bemüht hat."

auf ein Experiment eingelassen.

„Wir brauchen beides: Vergangenheit und Erneuerung!"

Coverphotoshooting
Magazin „Bestseller"

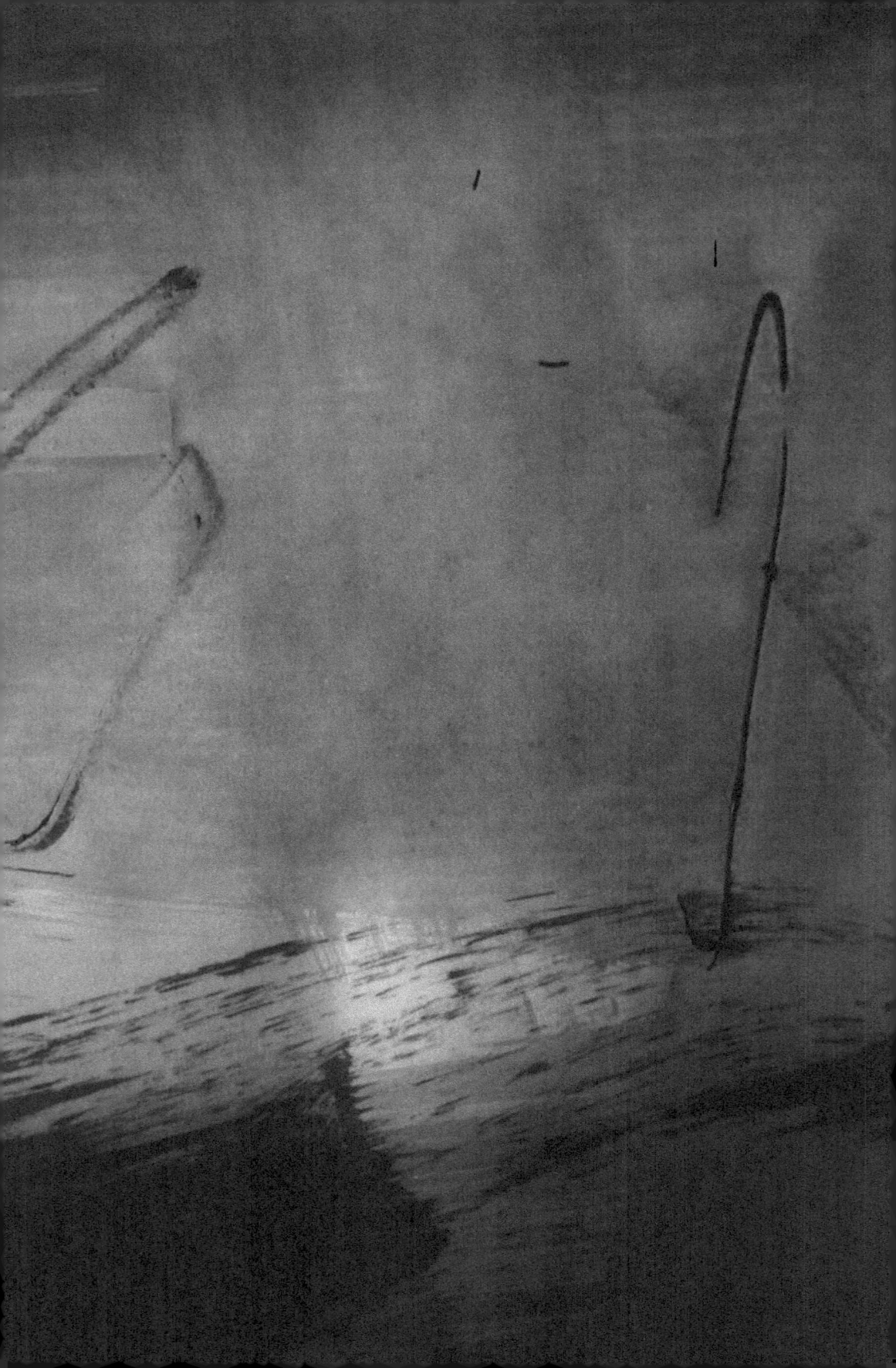

Nora & Víctor
ART HOUSE PROJECT

Der Traum von ART HOUSE PROJECT ist an einem grauen Novembernachmittag im Jahr 2012 entstanden, zwei Monate nachdem Víctor und ich aus Guatemala nach Österreich gezogen waren. Bereits davor hatten wir in Guatemala im künstlerischen Bereich zusammengearbeitet und ich meinen Traum geäußert, „eine Galerie oder sowas Ähnliches" zu haben.

Nach dem Verdauen des Kulturschocks während unseres ersten Herbstes saßen wir in unserem karg eingerichteten Haus – dem ehemaligen Haus meiner Großtante in Eisenstadt –, starrten auf die grauen Hauswände vor uns und sprachen über das, was uns fehlte: Das bunte Leben auf den Straßen und Farben. „Stell dir vor, wir malen einfach unsere Hausfassade ganz bunt an!", sagte Víctor zu mir. Ich war begeistert: „Stell dir vor, wir finden einfach ein paar Verrückte, die da mitmachen würden!" Den gesamten Nachmittag verbrachten wir damit, diesen Traum in all seinen Farben zu diskutie-

Palomia gestaltet die neue Fassade des ART HOUSE PROJECTs
© by Nora Demattio

ren und auszumalen. Auch noch die folgenden Wochen spielten wir mit dieser Fantasie, bis ich Ende November in einer Verlassenschaft zu arbeiten begann und die „Realität" oder der „Alltag" eintrat in unser Leben.

Ein Jahr später – die Arbeit in der Verlassenschaft war beendet, ich hatte mich im Juni 2013 als BLATT-WERK2013 im Kunsthandwerk selbständig gemacht und Víctor eine Anstellung als Grafikhelfer in einer Firma angetreten – kam der so kurz geträumte Traum eines bunten Hauses mit voller Wucht zurück: Dieses Mal war er bestückt mit der Idee, es sollte ein Ort sein, an dem Künstler und Kreative zusammenarbeiten und ihre Werke auch präsentieren könnten, um Eisenstadt in kreativen Aufruhr zu versetzen.

Am selben Abend ging ich in ein Lokal, in dem ich voller Leidenschaft unsere Idee, unseren Wunsch mit den Gästen teilte. Die Rückmeldung war sehr zurückhaltend, kritisch und vorsichtig. „Das klingt schon gut, aber ..." war die eine Tendenz, die andere war ein sehr konkretes „Na, in Eisenstadt geht das niiiiiiie!!!" Das war das Stichwort für meine Antwort: „Na, das schau ich mir aber an!"

Eine Woche später erschienen – dank der Unterstützung meiner Schwester und ihrer besten Freundin – zwei Artikel zu unserem ersten Event, und drei teilnehmende Künstler standen fest. Zwei Wochen später fand die Eröffnung von ART HOUSE PROJECT, auf den Namen hatten wir uns mittlerweile geeinigt, statt. In der Zwischenzeit hatte ich auch eine Ausstellung im Wohnraum organisiert. Um 12:00 Uhr erschienen die Künstler und die erste Transformation der Fassade begann. Um 15:00 Uhr war der Garten voller Gäste, die das Schaffen beobachteten. Dann öffneten Víctor und ich die Türe zum Haus. Rund 40 Gäste traten ein und ich hielt meine erste Eröffnungsrede. Danach begrüßte mich ein Freund, der seinerseits einen Bekannten mitgebracht hatte. Mit einem großen Lachen kam er mir entgegen und sagte: „Du strahlst aber. Bist du glücklich?" Ich antwortete: „Sehr!" Er fragte mich: „Was ist dein Traum, was siehst du in deiner Zukunft?" Ich sagte: „Farben! Ich sehe viele Farben. Mein Leben ist bunt." So lernte ich Katzi kennen, dann Hermann und die Dream Academia und dann viele, viele Gleichgesinnte mehr.

Unser Traum wurde von Außenstehenden sehr unterschiedlich aufgenommen. Reaktionen reichten von öffentlichen Angriffen auf ART HOUSE PROJECT – als „das Haus, das Eisenstadt verunstaltet" im Rahmen eines Zeitungsartikels – über ein vorsichtiges Herantasten, Neugier und interessierte Diskussionen, bis hin zu begeisterter Teilnahme und Mitarbeit. Wesentlich ist, dass man Menschen und ein Umfeld hat oder findet, die deinem Traum Platz geben. Eine negative Rückmeldung brennt sich oftmals eher ein als eine positive. Ich habe mich zu Beginn immer wieder dabei ertappt, negativen Erfahrungen mehr Raum zu geben als positiven, sei es durch gedankliche Auseinandersetzung, Hinterfragen oder durch Verteidigung unseres Traumes.

Die Offenheit und Förderung der Dream Academia von Katzi und Hermann, Träumen und deren Verwirklichung ein nahrhaftes Umfeld zu geben, in dem ehrlich, herzlich und angstfrei diskutiert werden kann – ohne Abhängigkeit, sondern in freier Zusammenarbeit – das ist der Ort und das sind die Menschen, von denen wir von Beginn an die fruchtbarste Unterstützung erfahren haben.

ART HOUSE PROJECT entwickelte sich schrittweise immer weiter. Abgesehen von unserem Fix-

punkt – die Zusammenarbeit mit Künstlern, Graffitikünstlern und Street-Artists – war die erste Veränderung die Konzipierung von Events. Diese finden seitdem unter einem bestimmten Jahresthema statt, das auf vielfältige Weise beleuchtet wird. Jedes Event ist stets ein Erlebnis für alle Sinne, in dessen Zentrum eine mit Künstlern gestaltete Ausstellung steht, sowie das Involvieren der Umgebung und das Vernetzen der Gemeinschaft über Grenzen hinweg. 2014 hatten wir zwei Events, im Mai erstellte ich die ART HOUSE PROJECT Seite auf Facebook und wurde für August von Katzi und Hermann eingeladen ART HOUSE PROJECT im Rahmen der TEDxPannonia zu präsentieren. Dieses Erlebnis gab uns – Víctor und mir – Kraft, unseren Traum weiterzuentwickeln, fortzuführen und mit anderen zu teilen.

2015 hatten wir bereits drei Events im Rahmen derer sich unter anderem auch andere visionäre Projekte präsentierten, hielten erste

Victor Sales erklärt seine Werke
© by Rudolf Schmied

Workshops und wurden zur Teilnahme an der „Langen Nacht der Museen" eingeladen. In diesem Jahr, nach einem Gespräch mit dem Bürgermeister der Stadt und seiner kritischen Betrachtung unseres Schaffens, erhielten wir eine erste Förderung. Am 21.12.2015 gründeten wir schließlich ART HOUSE PROJECT als Verein, Víctor kündigte seine Arbeit, begann, sich im Frühjahr 2016 verstärkt zu involvieren, sowie mehr Zeit seinem kreativen Schaffen als Künstler/Fotograf zu widmen. 2016 war, neben der Konzipierung und Umsetzung von zehn Events – auch in Zusammenarbeit mit anderen Kunst- und Kulturschaffenden in Wien – ein Jahr der tiefen Auseinandersetzung mit der weiteren Entwicklung des ART HOUSE PROJECTs und unseres Traumes. Im Juli 2016 wurde unsere Webseite www.arthouse-project.com ins Leben gerufen und wir transformierten zum zweiten Mal – zusammen mit fünf weiteren KünstlerInnen – die Fassade unseres Hauses. Diese Aktion wurde durch ein dreiköpfiges Filmteam in einem 4min 40sec langen Kurzfilm festgehalten. Diese Arbeit leitete das Thema dieses Jahres 2017 – Transformation – ein.

Unser „kleiner" Traum zu Beginn, Eisenstadt in kreativen Aufruhr zu versetzen, hat sich schrittweise verändert. Nach wie vor ist dieser Ansatz und die Verortung wesentlich für unser Agieren, aber der Drang nach mehr Bewegung und einem größeren Spielplatz wurde immer präsenter. Der Traum, international aktiver im Kunstgeschehen mitzuwirken und kreativen Menschen und Denkern mehr Raum zu geben, sich zu präsentieren, zu vernetzen und zusammenzuarbeiten, ist für uns und im ART HOUSE PROJECT Allgegenwärtig. Hürden gab und gibt es auf unserem Weg bis heute immer wieder. Sie waren einerseits bürokratischer Natur – Genehmigungen und Einreichfristen – oder auch das fehlende Vokabular, um Personen eines anderen Umfeldes unsere Idee, unsere Vision oder unseren Traum in seiner Größe und Gesamtheit verständlich zu machen. Das abstrakte Gebilde des ART HOUSE PROJECT wächst mit jedem Tag, mit jeder Diskussion, mit jedem Menschen, mit jedem Austausch und wird greifbarer. Es ist ein Ort des Experimentierens, des Schaffens, des Austausches.

Fehlschläge gab es auch, die passierten durch fehlende Erfahrung. Unser erster Schritt, um Werbung in der Stadt zu machen, führte uns in die Arme von Betrügern, die uns im Moment der Kündigung ihres nicht gesetzesmäßigen Vertrags verklagen wollten und mehrere tausend Euro forderten. Nach einer Rücksprachen mit einer Anwältin und einem von ihr aufgesetzten Brief hörten wir niemals wieder etwas von ihnen.

Dream Academia und RiseUp Team Spontanbesuch
© by ART HOUSE PROJECT

> Vertrauen in seine Urteilskraft, auf sein inneres Gefühl und ein kühler Kopf sind lebenswichtig, ganz egal in welcher Lage.

Kompetente Personen bezüglich Fragen und Unsicherheiten ersparen einem schlaflose Nächte. Dieses Erlebnis hat mich gestärkt und zählt heute zu meinem Erfahrungsschatz. Es gab auch Momente, in denen ich aufhören

wollte. Speziell das letzte Jahr (2016) war sehr herausfordernd und hat mich immer wieder an meine Grenzen geführt - durch die intensive Auseinandersetzung mit der Weiterentwicklung des ART HOUSE PROJECTs, das Vorwagen in viele neue Bereiche und fehlende Ruhepausen. Meine Zeit für kreatives Schaffen hatte ich so weit hintangestellt, sodass sie „vom Teller fiel". Ich fühlte mich, als ob ich mich verraten hätte und fand mich plötzlich nicht mehr in unserem Traum wieder, während Víctor sich Schritt für Schritt einlebte und es sogar noch schaffte, seinem künstlerischen Schaffen Zeit zu geben. Die intensive Zusammenarbeit war eine Herausforderung für uns und ein guter Lehrer. Heute habe ich verstanden, dass ich nicht ständig laufen muss, dass ich verantwortlich bin für die Zeit, die ich für die vielfältigen Aspekte meines Lebens aufbringe und mich hin und wieder einfach einmal treiben lassen kann.

Unser Tipp für andere, die ihren Traum realisieren möchten, ist: Mach es! Ein Schritt nach dem anderen ist der Weg zum Ziel. Versuche nicht, dich „abzusichern", indem du dich über alle gesetzlichen Rahmenbedingungen von Anfang an informierst – das verschreckt. Auf dem Weg wirst du wissen, wann du dich in welche Richtung informieren musst. Sei dir deines Umfeldes bewusst. Wer oder was kann dir helfen, dich in deinem Vorhaben oder deinen Taten zu stärken? Wer oder was ist „Gift", besonders in der Anfangsphase, wenn du vorsichtig deine ersten Schritte tust? Sei dir bewusst, dass du – besonders wenn du auf „besorgte Personen" oder Kritiker stößt – nicht sofort oder stets alle Antworten wissen musst. Diese lernst du auf deinem Weg. Es ist nicht deine Aufgabe, andere von deinem Vorhaben zu überzeugen, sondern deiner Überzeugung nach zu handeln. Lerne, gewisse Dinge hinter dir zu lassen, um weiterzukommen. Finde deine Balance zwischen Fels und Wasser: Wo musst du – um dir und deinem Traum treu zu bleiben – unverrückbar bleiben, und wo musst du die Flexibilität des Wassers haben und dich treiben lassen? Sei konsequent, aber gönne dir Pausen und Abstand.

Fehler oder Fehlschläge sind deine Meister – lerne von ihnen, dann steh auf und geh weiter. Und wenn dir Menschen sagen: „Das geht doch niiiie!", dann antworte: „Das schau ich mir an!" und leg los.

Jeder Moment ist der richtige Moment, um deinen Traum Realität werden zu lassen. „Everything you can imagine is real."

ART HOUSE PROJECT 2016 Fassade
© by Victor Sales

David

flying tent

WAS IST DEIN TRAUM?

Verlegen starre ich in die Gesichter von zwei Männern, die mir eine doch etwas kuriose Frage stellen. Ich war gerade auf dem ersten Startup Live in Wien und begleitete ein Projekt dabei, „erfolgreich" zu werden, tüftelte an Ideen und versuchte, Umsetzungswege zu finden.

Einige Monate später besuchte ich Hermann und Katzi in Siegendorf. Da ich schon erahnte, was auf mich zukommen würde, habe ich mir schon einmal überlegt, was mein Traum wäre.

Das war gar nicht so einfach. Von: „Das ganze Jahr Urlaub machen", ausreichend Zeit für Sport zu haben, mit coolen Leuten zusammen zu arbeiten und Zeit für Familie und die große Liebe zu haben, bis hin zu „viel reisen", kam da eine ganze Palette an Themen auf den Tisch. Und beruflich erfolgreich wollte ich auch noch sein, damals im Angestelltenverhältnis als Steuerberater.

Ich fasste den Traum mit den Worten, ein spannendes und schönes Leben zu führen und Projekten dazu zu verhelfen, erfolgreich sein zu können, zusammen. Kurze Zeit später begann ich erfolgreich an Projekten wie Bergaffe, Einbaumhaus, SevenSkies oder flying tent zu arbeiten. Bei all diesen Themen geht es um Sport oder Reisen, bei all diesen Projekten arbeite ich mit außergewöhnlichen Persönlichkeiten zusammen, von denen ich viel lernen kann und denen ich mit meinen Stärken ein Stück weiter helfen kann.

Ich habe den übergeordneten Traum, ein glückliches Leben zu führen. Dieses hängt vor allem mit den Menschen in meiner Umgebung, den Arbeitskollegen und meiner Familie zusammen.

Die dazugehörigen Projekte, Tätigkeiten etc. sowie finanzieller Erfolg sind ein Teil der Reise, aber nicht der eigentliche Traum für mich. Der Traum war vielleicht schon immer da, aber er wird zunehmend klarer. Es braucht manchmal etwas Zeit und Abstand, damit sich die eigentlichen Dinge stärker heraus kristallisieren bzw. man sich selbst besser zu verstehen lernt. Nichts desto trotz bin ich in der Sache selbst, sprich z. B. mit dem flying tent, dem erfolgreichsten Crowdfunding-Projekt Österreichs etc., überaus ehrgeizig. Ich liebe es, zu gewinnen.

*Gemeinsam Ziele zu erreichen
und sich dabei näher zu kommen,
ist mein Traum.*

Ich habe den überge
ein glückliches Leben

Dieses hängt vor all
in deiner Umgebung,
und deiner Familie

ordneten Traum
zu führen zu wollen.

em mit den Menschen
den Arbeitskollegen
zusammen.

Fotoshooting flying tent

Jeder, der in seinem Leben keine Rückschläge oder Hürden einstecken musste, hat nicht gelebt.

Wenn du etwas anderes machst, wirst du automatisch zum Außenseiter oder Träumer.

Warst du schon einmal verliebt und deine Liebe wurde nicht erwidert, du wurdest abgelehnt, wurdest betrogen oder hast sonst einen Schmerz erfahren? Dieser Schmerz ist die Reaktion auf die davor verspürte Liebe, den Enthusiasmus und die Schwärmerei. Je höher deine Erwartungen und Hoffnungen sind, desto schlimmer und schmerzhafter können die Rückschläge sein; dies ist allerdings nichts Schlimmes, sondern gehört zur persönlichen Entwicklung dazu.

In meinem Fall waren dies zum Beispiel Probleme in der Fertigung, Teamstreitigkeiten, finanzielle Engpässe oder das Beenden von ganzen Projekten.

rechtlichen Möglichkeiten oder zu ambitioniert gesteckte Ziele.

Die Reaktionen waren sehr unterschiedlich – abhängig von den Personen. Man lernt aber im Laufe der Zeit, damit umzugehen und sie richtig einzuordnen. Ich glaube, dass ich mich auf dem Weg – ein glückliches Leben zu führen, und mit liebevollen Menschen Projekte und mein Leben gestalten zu können – auch mich selbst mitpräge.

Jeder Moment, jeder Mensch, jede Arbeitsstunde prägt uns mit und wird ein Teil von uns. Mein Glück ist, dass ich es geschafft habe, mir diese Menschen selbst aussuchen zu dürfen. Und falls ich etwas anders machen würde, würde ich vielleicht noch mehr darauf achten, mit welchen Personen ich gerne etwas Einzigartiges machen würde und mich in das Abenteuer Leben stürzen.

Dies durfte ich bereits mehrmals in meine Leben genießen. Warum genießen? Weil dadurch der innere Antrieb und der Einklang mit mir selbst klarer wurde. In Bezug auf meine Selbstständigkeit gab es oft schizophrene Aussagen. Der Weg wurde oft kritisiert, beispielsweise der fehlende Markt von Produkten, die Träumerei abseits von

*Fotoshooting
flying tent*

von links nach rechts
Marcus Strasser
Bettina Wenigwieser
Jim Leitgeb
Eva Riesemann
David Dietrich

Als Kind habe ich nichts lieber getan, als Fußball zu spielen. Mit fünf Jahren spielte ich schon bei einem Verein und hatte bald den Traum, Profi zu werden. Mit zwölf ging ich weg von daheim, um mir diesen Traum auch verwirklichen zu können. Ich besuchte die Fußballakademie der SV Ried und trainierte jahrelang auf diesen Traum konsequent hin.

Die große Herausforderung war, einerseits Schule (Matura) und Fußball unter einen Hut zu bringen und andererseits dem großen Konkurrenzkampf standzuhalten. Alleine in meiner Mannschaft waren 24 andere, hoch talentierte Jugendliche, die auch unbedingt Profis werden wollten. Letztendlich war ich aber der einzige, der es schaffte, weil ich es unbedingt wollte. Weil das Fußballspielen das war, was mich am meisten begeistert hat. Und weil ich mit der SV Ried einen Verein gefunden hatte, der wie eine Familie für mich war.

Ich war sechs Jahre lang Profi und durfte viele Höhen und Tiefen erleben. Zwei erfolgreichen Europameisterschaften und einem sensationellen vierten Platz mit unserer U20 bei der WM in Kanada folgten vier schwere Verletzungen. Aber auch die hatten ihren Sinn. Während der Rehaphasen durfte ich immer wieder aus meinem Hamsterrad aussteigen und spüren, ob ich noch am richtigen Weg war. Nach der dritten Verletzung spürte ich, dass es nicht mehr so war.

Ich hatte Angst. Was sollte ich denn sonst tun? Kann ich überhaupt was Anderes? Schließlich hatte ich mein ganzes Leben dem Fußball untergeordnet. Mein Gefühl war aber stärker als mein Verstand und so beendete ich mit nur 25 Jahren meine Karriere – trotz noch laufendem und sehr lukrativem Vertrag.

Und genau in dieser spannenden Phase meines Lebens lernte ich auch Hermann und Katzi kennen. Hermann hatte von meinem Buch „Träume verändern" erfahren. Er hat mich kontaktiert und wir haben uns vor der Buchpräsentation in Wien getroffen. Wir waren sofort auf einer Wellenlänge und von da an regelmäßig in Kontakt. Auf meiner 15-monatigen Weltreise war er der Mensch, mit dem ich am meisten Kontakt hatte, obwohl ich ihn erst ein paar Monate vorher kennengelernt hatte.

Aber erst eineinhalb Jahre später hatte ich den Mut, meine Karriere zu beenden.

Es war aber eine unglaubliche Herausforderung, meinen größten Lebenstraum loszulassen.

Peter Alexander Hackmair am Beginn seiner Karriere

Mit Innsbruck gegen Ried

Heute, vier Jahre nach meinem
Klossierende, sehe ich, dass
mein Traum von damals
nicht zerplatzt ist, er hat
sich nur verändert.

Ich kenne Hermann und Katzi nun seit vier Jahren. Sie haben mein Leben verändert. Von ihnen habe ich vor allem gelernt, groß zu denken. Und konsequent zu sein.

Durch Hermann und Katzi bin ich auch in die geniale DreamA-Community gestoßen, ein Netzwerk von Menschen, die ihre Träume leben, die Welt verändern und mich dadurch unheimlich inspirieren. Ich glaube, mehr als die Hälfte der Menschen, mit denen ich heute meine Zeit verbringe, habe ich durch sie kennengelernt. Auch dank Hermann und Katzi. Ich arbeite jetzt als Fußballanalytiker für den ORF und als Trainer und Dream Developer für unsere Fußballschule „teco7". Wir haben eine einzigartige Trainingsmethodik entwickelt und wir haben eine ganz eigene Philosophie. Wir erfinden das Spiel neu und haben den Traum, dadurch die Fußballkultur zu verändern. Und: Ich möchte eine Schule gründen.

Mut verändert, Peter Alexander

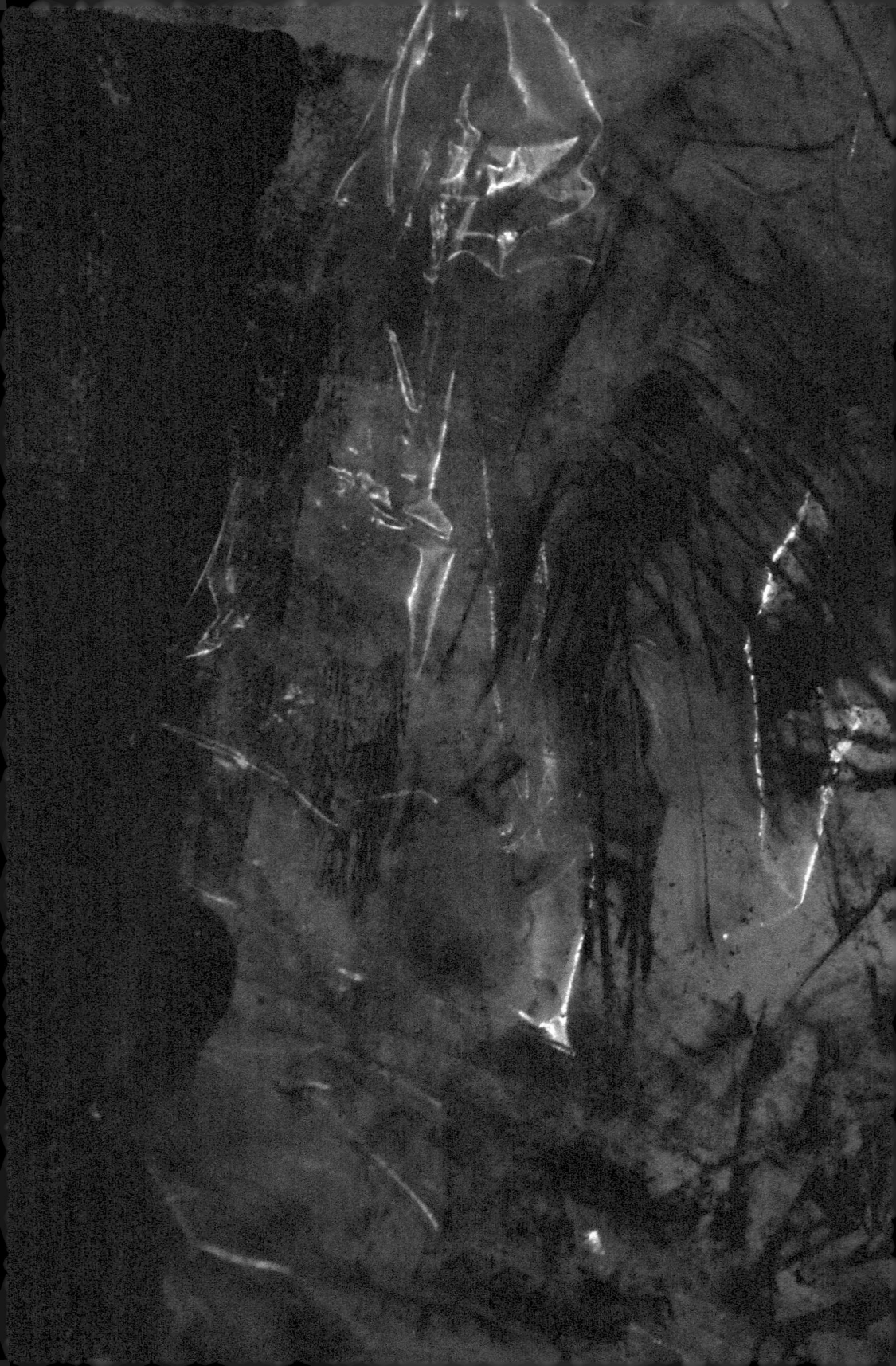

Kräuterwanderung
© by www.photography.aero

Wie bist du zu deinem Traum gekommen und wie ist er entstanden? Welche Weiterentwicklungen gab es?

Gute Frage :-) Kommt man zu einem Traum oder be-kommt man einen Traum? Ich glaube, es ist mehr ein Finden als ein Suchen, ein Traum ist für mich ein innerer Ruf, den man irgendwann nicht mehr überhören kann. Insofern ist mein Traum eher zu mir gekommen als umgekehrt. Eigentlich komme ich ja aus der sehr rationalen Welt der Wissenschaft, habe sechs Jahre in Forschungslabors gearbeitet und war nur „nebenbei" immer sehr viel in der Natur, im Atelier und mit Menschen engagiert. Ich kam lange gar nicht auf die Idee, mein Leben noch mehr nach diesem inneren Ruf auszurichten, aber irgendwann hat es 2013 einfach Klick gemacht und mir war klar: jetzt oder (vielleicht) nie.

In den zwei Jahren zuvor war ich noch nicht so konkret, da dachte ich, es ist beides möglich; mit meinem hohen Qualitätsanspruch stimmt das aber einfach nicht überein – In den zwei Jahren zuvor, in denen ich nur vier Tage in der Wissenschaft angestellt

Ich bin einfach nicht der Mensch,
der halbe Sachen macht, da springe ich
lieber ins kalte Wasser und gebe alles.

Patricia Ricci
Kunstprojekt: Moos-Graffity
„Zurück zu Dir"
© by Marko Mestrovic

Wild Woman
© by Plumiere Photography

war und am Wochenende Kurse & Fortbildungen zum Thema Wildkräuter, Kreativität & Weiterbildung angeboten habe, habe ich weniger geschafft als in der Selbstständigkeit in zwei Monaten. Meine Weiterentwicklung war also definitiv der mutige Sprung aus der Komfortzone einer Fixanstellung ins kalte Wasser der reinen Selbstständigkeit.

Ist der Traum schon immer da gewesen oder erst ab einem bestimmten Zeitpunkt?
Ich habe mich persönlich schon immer für die Themen Natur, Selbstentfaltung und Kreativität interessiert, auf denen nun mein Traum und das entstandene Projekt Villa Natura basieren, und habe viele Fort-, Aus- und Weiterbildungen dazu besucht. Es war lange, aber einfach ein Hobby für mich. Eine Buchreihe hat mich dann wirklich dazu inspiriert, meinen Traum zu beleben. Es sind die Bücher über Anastasia, eine Frau, die wild in der russischen Taiga lebt und altes Wissen bewahrt. Und da wurde mir klar: Ja – auch mein Leben soll wirklich einen positiven Einfluss auf die Zukunft haben – für mindestens sieben nachfolgende Generationen möchte ich einen nachhaltigen Rückzugsort schaffen und dafür gebe ich seit über vier Jahren alles. Wirklich alles.

Gab es Hürden, Fehlschläge? Gab es einen Punkt, an dem du aufhören wolltest?
Einen? Nein, viele :-) Spaß beiseite, es gab viele Herausforderungen, aber bislang wäre ich in keinem Moment auf die Idee gekommen, aufzuhören.

So ist doch das Leben. after the rain comes sun and after the sun comes rain again. Ich sehe das ganz locker.

Erlebnisseminar im Villa Natura Garten
© by Plumiere Photography

Tatsächlich habe ich erst kürzlich in meinem TEDx Talk auch verraten, dass im Schnitt drei von fünf meiner Ideen und Projekte nicht „funktionieren" – wenn es also danach ginge, hätte ich schon längst aufhören müssen. Ich bin aber einfach eine unverbesserliche Optimistin und der Erfolg spricht mittlerweile für mich.

Wie sind andere Menschen mit deinem Traum umgegangen? Hast du Unterstützung bekommen oder eher negative Reaktionen?

Sowohl als auch – Viele waren begeistert und inspiriert und sahen mich vom ersten Moment an in diesem neuen Leben und haben mich mit aller Kraft unterstützt. Anderen war es eher gleichgültig, jene sahen einfach die Vor- und Nachteile der Selbstständigkeit realistisch und waren neutral. Und wieder andere waren gegen (m)eine Veränderung und sahen nur die Nachteile und Risiken. Aber auch das finde ich ganz normal, es ist doch bei jeder kleinen und großen Entscheidung so, dass es Menschen gibt, die alles gut finden, was wir tun, andere, die neutral sind und ein paar, die dagegen sind; dieses Verhältnis hat sich noch kaum je geändert; man kann es niemals allen rechtmachen.

Wie ist der Kontakt zur Dream Academia entstanden?

Ich habe Anfang 2016 zufällig bei der Vernissage eines Freundes Hermann von der Dream Academia kennengelernt, der mir von der Dream Academia und dem Buch eines Jungen erzählt hat (das ich natürlich gleich mitgenommen habe) und wir waren gleich auf einer so inspirierenden Wellenlänge, dass ich schon in der darauffolgenden Woche in die Dream Academia eingeladen wurde und wir seither einander nach Möglichkeit unterstützen. Unsere Netzwerke

Wildlettering Seminar
© by Plumiere Photography

schmelzen organisch ineinander und ich habe so viel von den beiden gelernt. Ich bin sehr dankbar für unsere Verbindung! Alleine der symbolische 1-Million-Geldschein von den beiden erinnert mich immer wieder an die Fülle, die wir alle erreichen können, leider wurde er mir kürzlich gestohlen :/

Hat sich der Traum im Laufe der Zeit verändert?
Ja, er ist immer bunter und schöner, wilder geworden.

>>

Mein Projekt ist auch sehr jahreszeiten-abhängig und das kommt mir sehr entgegen auch wenn es manchmal kompliziert ist. Im Sommer bin ich viel draußen mit

Ich werde immer mutiger darin, meine Ideen umzusetzen und diese Vielfalt, die aus einer soliden Basis wächst, ist eine große Bereicherung.

Villa Natura Idee 2013
Sandburg

Manchmal wirkt alles so komplex
und in solchen Zeiten Zeit für sich selbst
zu nehmen, scheint manchmal irrational,
ist tatsächlich jedoch essentiell, um
energievoll durch alle Hochs & Tiefs zu gehen.

naturverbundenen Workshops und im Winter schreibe ich mehr - Zeitungsartikel, Kolumnen, Blogs, Interviews, Bücher. Und so verändern sich auch die Themen, das Wesentliche bleibt jedoch und die Essenz kommt immer mehr heraus und das liebe ich – auch wenn stete Veränderung ganz schön herausfordernd ist, manchmal.

Hast du Tipps für andere Menschen, die ihren Traum realisieren möchten?
Ja: Learn to rest, not to quit. Einer meiner Lieblingssprüche und etwas, das mir vieles erleichtert.

Was hast du für dich persönlich gelernt? Was hättest du gerne anders gemacht?
Ich habe gelernt, wirklich zu mir zu stehen. Zu meinen Werten, meinen Idealen und Ideen. Und ich habe gelernt, bescheiden zu sein und demütig – indem ich alles gebe, um meinen Traum zu leben, lebe ich meinen Traum. Manchmal wünschte ich, ich hätte früher damit begonnen, aber tatsächlich war es genau der richtige Zeitpunkt.

Gibt es bestimmte Erfahrungen, die du teilen möchtest?
Glaub an deinen Traum, vertrau ihm und dann ist alles möglich. Das erlebe ich immer wieder.

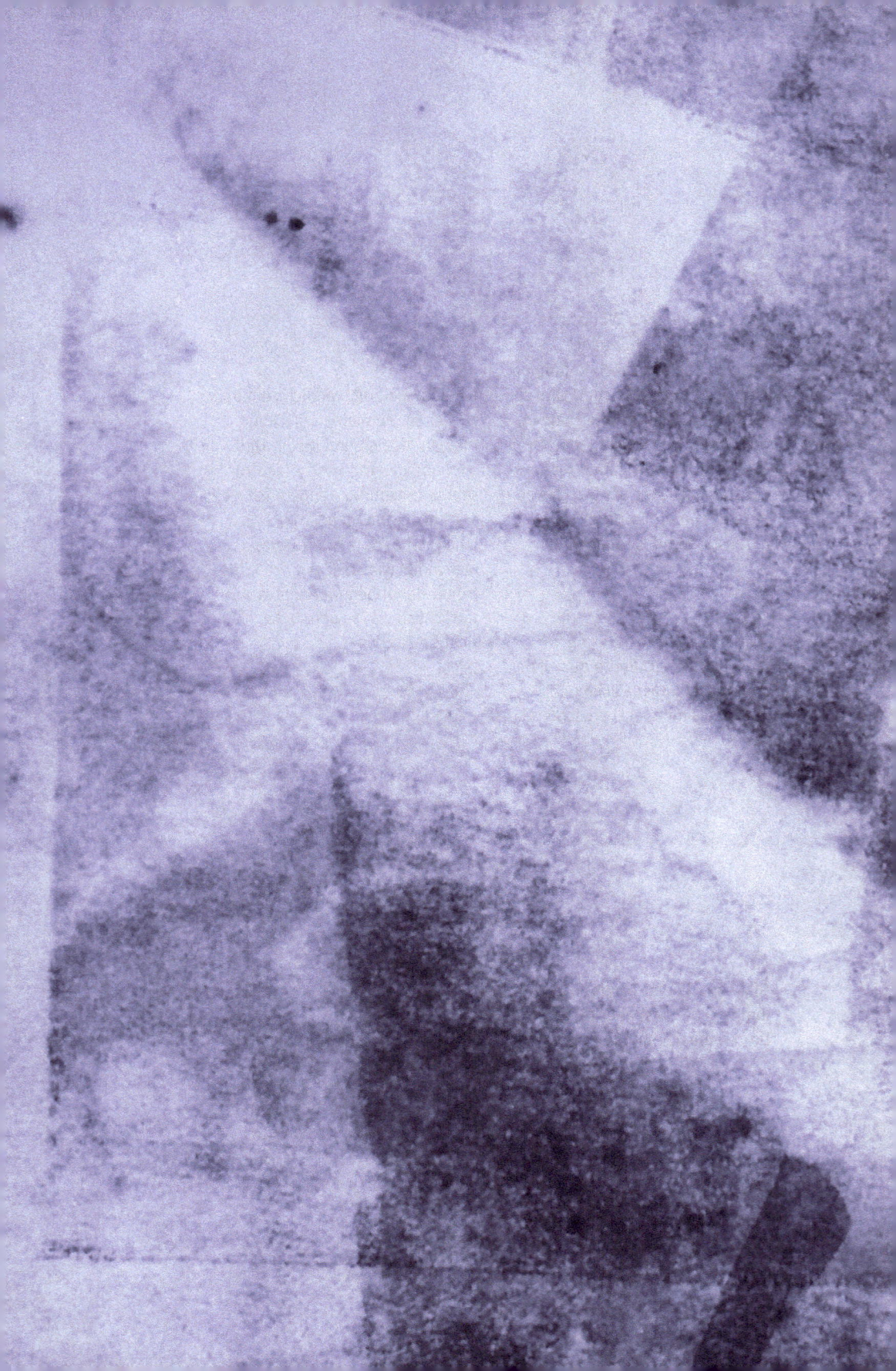

GLAUBE

Matthias Hombauer

Begonnen hat alles 2010. Zu diesem Zeitpunkt arbeitete ich an meinem Doktorat im Fachbereich Immunologie am AKH, Wien. Nach meinem Studium der molekularen Biologie war die Doktorarbeit mein großer Traum gewesen und dementsprechend motiviert startete ich dieses Projekt. Aber es kam anders, als gedacht.

Langfristige Projekte, die kaum zum Erfolg führten, lange Arbeitszeiten im Labor und meine Gedanken zur Hinterfragung des gesamten Wissenschafts-Systems begannen mich zu frustrieren. Ich bemerkte, dass dieser Job nicht mein Herzenswunsch war, den ich mein gesamtes Leben lang ausführen wollte. Ich wusste aber keine andere Alternative und nachdem ich mich schon jahrelang mit Immunologie beschäftigte, wollte ich mein Doktorat unbedingt abschließen. Für mich war das wichtig, nicht um den Doktortitel willen, aber, um eine abgeschlossene Ausbildung vorweisen zu können.

Eines Tages, als ich mit dem Fahrrad auf dem Weg zur Arbeit war, passierte etwas, das mein Leben um 180 Grad verändern sollte.

Aus heiterem Himmel sagte eine Stimme in meinem Kopf: „Warum wirst du nicht Konzertfotograf?". Ich bin mir bewusst, dass das wie ein Traum klingt, aber so ist es pas-

AN DICH!

siert, am Radfahrweg zwischen Museumsquartier und Kunsthistorischem Museum. Warum also diese Eingebung? Ich bin seit meiner Jugend großer Musikfan. Seit meinem ersten Konzert von Guns N Roses auf der Donauinsel, als ich 13 Jahre alt war, hat Musik eine tragende Rolle in meinem Leben gespielt.

Ich brachte mir Gitarrespielen bei und startete meine eigene Death Metal Band. Mit 18 Jahren wechselte ich das Musikgenre und hatte meine eigene Britpop Band, welche aber leider nicht zum Rockstarruhm á la Oasis reichte.

Fotografie habe ich nur als Hobby betrieben und ich nahm meine Lomo-Kamera (alte russische Analogkamera) mit auf Urlaub und traf mich mit gleichgesinnten Lomographen überall auf der Welt. Im Nachhinein, betrachtet macht also „Warum wirst du nicht Konzertfotograf?" Sinn, da es die Zusammenführung zweier meiner Leidenschaften ist.

Im Labor angekommen, war das Erste, das ich machte, dass ich nach „Konzertfotograf" gegoogelt habe, da ich nicht einmal wusste, dass es so eine Berufsgruppe gibt. Das war der Beginn meines Traums, Konzertfotograf zu werden.

Jedes Mal, wenn ich darüber spreche, bin ich dankbar für diese Stimme in meinem Kopf, die mein Leben grundlegend verändert hat.

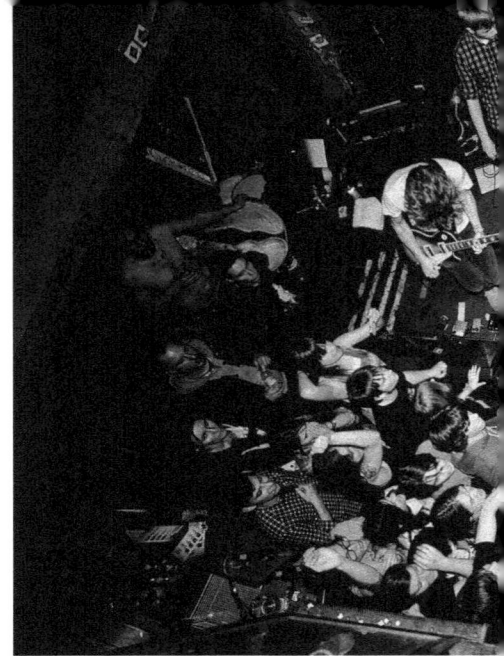

Ich kaufte mir also meine erste digitale Spiegelreflexkamera und begann Konzerte in kleinen Clubs wie dem Chelsea und dem B72 in Wien zu fotografieren. Zu Beginn hatte ich mehr Fehlschläge als Erfolge, da es kaum Informationen über Konzertfotografie gab.

Konzertfotografie ist einer der herausforderndsten Bereiche der Fotografie. Meist arbeitet man mit wenig Licht auf der Bühne, man weiß nie, was in der nächsten Sekunde passieren wird und vor der Bühne zu stehen, kann anfangs ganz schön unheimlich sein. Die Herausforderungen sind also technischen wie auch organisatorischen Ursprungs. Durch viel Üben habe ich es nach einigen Monaten geschafft, die richtigen Kameraeinstellungen herauszufinden und gute Fotos zu schießen.

Dennoch stieß ich auf weitere Hürden auf meinem Weg zum Konzertfotografen. Immer, wenn ich berühmte Bands fotografieren wollte, bin ich bei der Eingangstür der Konzerthallen von den Securities gestoppt worden. „Kein Eintritt mit Kamera" hieß es immer und ich wusste einfach nicht, wie ich es schaffen könnte, mir Zugang zu meinen Idolen zu verschaffen.

Zu diesem Frust kam auch die Doppelbelastung mit meiner Arbeit im Labor. Ich arbeitete oft sechs Tage die Woche und abends fotografierte ich bis zu drei Konzerte. Das heißt, dass ich auch zu wenig Schlaf bekommen habe. Das hat natürlich meine beiden Projekte – Doktorat und Musikfotograf – in Mitleidenschaft gezogen und ich kam zu einem Punkt, wo ich entscheiden musste, worauf ich mich in Zukunft fokussieren wollte.

Dieses Vorhaben war aber alles andere als einfach. Es war ein Prozess, der sich über zwei Jahre hinstreckte.

LaDisputte Platte

Jeden Morgen stellte ich mir dieselbe Frage: „Welchen Weg soll ich gehen? Den des Wissenschaftlers, welcher meine vorprogrammierte Laufbahn ist, oder den des Musikfotografen, ein Weg, der sehr ungewiss ist, da ich nicht einmal wusste, was es heißt, als Selbständiger zu arbeiten".

Schließlich beendete ich erfolgreich mein Doktorat im Jänner 2012, entschloss mich aber am selben Tag, mein Gewerbe als selbstständiger Fotograf anzumelden und meiner Leidenschaft zu folgen. Das war auf jeden Fall eine schwere Zeit für mich, da es fast als verrückt in unserer Gesellschaft angesehen wird, Studium und Doktorarbeit nach neun Jahren hinzuschmeißen und seinen Traum zu leben. Ich bin wirklich sehr dankbar, dass meine Familie mir immer die Freiheiten gelassen hat, selbst meinen Weg zu gehen und daher haben sie mich auch in diesem waghalsigen Projekt unterstützt.

Es gab aber natürlich auch weniger positive Reaktionen, die ich aber für mich nicht zugelassen habe.

Meist sind es Menschen, die selbst einen Traum leben möchten, aber diesen Schritt nie gewagt haben.

Anstelle andere in ihrem Tun zu unterstützen, kommen dann negative Reaktionen, die nur ihren Frust widerspiegeln. Es passiert mir noch heute, wenn ich mit Menschen über meinen Lebensweg spreche, dass ihre Augen zu funkeln beginnen, da eigentlich jeder

*Logo
„How to become
a Rockstar
Photographer"*

seinen Traum leben möchte, nur wagt es kaum jemand. Und somit ist der Großteil unglücklich mit ihrer/seiner Situation und verflucht das Leben dafür, dass es so hart zu ihr/ihm ist. Man kann zu jeder Zeit, in jeder Sekunde daran arbeiten, um die Lebensumstände zu ändern, viele Menschen tun es einfach nicht.

Der Kontakt zu Dream Academia ist wieder ein Beispiel von wahnwitzigen Verbindungen, die im „normalen" Leben nicht stattfinden würden. Ich habe ein Cover für das Forbes Magazin fotografiert, bei dem es um Frauen in der Startup-Szene gegangen ist. Business-Angelina Selma Prodanovic postete das Foto auf ihrer Facebook-Seite und verlinkte mich darauf. Ich bedankte mich bei ihr und im Gegenzug lud sie mich zu einem Start-Up-Treffen ein, welches in den Räumlichkeiten der Dream Academia stattfand. Nachdem ich immer offen bin, neue und interessante Leute kennenzulernen, beschloss ich, ihrer Einladung zu folgen. Dort angekommen, entdeckte ich einen Freund von mir, Michael Aistleitner, welcher mich schlussendlich Katzi und Hermann vorstellte. Aus diesem ersten Treffen entstand eine

Screenshot Facebook-Post, Forbes Magazin

sehr gute und enge Freundschaft und Zusammenarbeit, die ich sehr schätze.

Mein Traum hat sich insofern erweitert, da ich mittlerweile die ganz großen Stars wie Metallica, The Prodigy, Iggy Pop, Miley Cyrus, The Rolling Stones und viele mehr fotografieren darf. Ich war auf Welttournee mit Shantel und publizierte in internationalen Magazinen/Blogs wie dem Rolling Stone Magazin, The Huffington Post und PetaPixel. Im letzten Jahr bin ich von Instagram eingeladen worden, um in La Rochelle/Frankreich das größte Festival im Land zu fotografieren und ich habe meine erste internationale Ausstellung in Buenos Aires absolviert.

Im April 2014 habe ich mein Online-Projekt „How To Become A Rockstar Photographer" (www.htbarp.com) gestartet. Es begann als ein persönlicher Blog, auf dem ich meine Erlebnisse als Konzertfotograf veröffentliche und ist mittlerweile eine weltweite Community von leidenschaftlichen Konzertfotografen mit mehr als 5000 Newsletter-Abonnenten und 200 000+ Seitenaufrufen aus 100+ Ländern.

Vintage Trouble Blog

Als ich bemerkte, dass alle diese Fotografen die gleichen Schwierigkeiten haben, die ich selbst zu Beginn hatte, beschloss ich, ihnen zu helfen mit dem Ziel, ihren Traum ebenfalls zu leben.

Es hat mich Jahre meines Lebens gekostet, um einen Weg zu finden, dass ich meine Idole wie Red Hot Chili Peppers, Linkin Park usw. fotografieren konnte und ich wollte mein Wissen weitergeben. Also startete ich die erste Online-Akademie für Konzertfotografen mit dem Namen „Shooting The Rockstars" (www.shootingtherockstars.com).

Außerdem gebe ich Online-Seminare (Webinare) und veröffentliche meine eigenen Online-Magazine, bei denen ich Menschen die Möglichkeit gebe, ihre Arbeiten einem weltweiten Publikum zugänglich zu machen. Ich lebe meinen Traum sowohl als Rockstarfotograf als auch als Entrepreneur und für mich fühlt sich jeder Tag fantastisch an, da meine Arbeit meine Leidenschaft ist.

Mein wichtigster Tipp: Glaube an dich! Wenn man nicht selbst an sich glaubt, wer sollte es sonst tun?

Wenn man diesen unkonventionellen Weg einschlägt, wird man mit sehr vielen Herausforderungen konfrontiert. Sei es die Familie, die dich lieber in einem „sicheren" Job sieht, bei welchem du eine Pension am Ende deiner Tage bekommst (ich bezweifle, dass ein Angestelltenverhältnis als sicher bezeichnet werden kann und dass wir in 30 Jahren noch eine Pension bekommen), seien es Menschen, die dir den Erfolg nicht vergönnen oder unsere Gesellschaft, die wenig Platz für Träumer übrig hat. Es ist nicht leicht, seinen eigenen Weg zu gehen, aber wie du an meiner Geschichte siehst, ist es möglich, zu jedem Zeitpunkt deines Lebens.

Es liegt jedem die Welt offen, jeder hat die gleichen 24 Stunden, seien es Richard Branson (Gründer der Virgin-Konzerns), Jeff Bezos (CEO Amazon) oder Elon Musk (CEO Tesla).

Das Wichtigste ist, sich zu erlauben zu träumen und zuzulassen, wie das perfekte Leben für einen aussieht.

Ich habe keine professionelle Fotografenausbildung und bin trotzdem ein international anerkannter Konzertfotograf, den Menschen als Mentor sehen. Ich habe nie einen Kurs in Marketing besucht und doch staunen sogenannte „Marketingexperten", wie ich meine Marke

Ich habe für mich persönlich gelernt,
dass man zuerst seine eigenen Schranken
im Kopf überwinden muss.

Wir selbst stehen uns am meisten
im Weg, weil wir ständig an uns zweifeln
und uns immer wieder sagen,
dass wir das nicht können oder schaffen.

aus Wien in über 100 Ländern bekannt machen konnte. Ich bin kein Softwareentwickler und trotzdem habe ich mein gesamtes Onlineprojekt selbst aufgebaut. Ich möchte euch nur zeigen, dass alles möglich ist, wenn man fest an sich glaubt und hart daran arbeitet. Ist der Erfolg über Nacht passiert? Nein. Es war die harte Arbeit der letzten 2,5 Jahre. Ich arbeite sieben Tage die Woche, 365 Tage im Jahr daran. Ich lerne täglich von Büchern, Workshops oder Blog-Artikeln von anderen Ländern und deren Industrie. Erfolg ist nicht etwas, das das Schicksal einem gibt. Hinter jedem erfolgreichen Projekt steckt harte Arbeit. Der Unterschied ist, wenn man an seinen eigenen Projekten arbeitet, dass es sich nicht nach Arbeit anfühlt. Man ist in der Lage, Energien und Motivationen freizusetzen, die ich in meinem „normalen" Job nie gespürt habe. Und das alleine macht es wert, diesen Weg zu gehen. Viel Glück auf deiner Reise.

Viele Menschen bedauern sich gerne selbst, indem sie sagen, „hätte ich nur damals eine andere Entscheidung getroffen oder hätte ich nur eine andere Ausbildung gemacht, ...". Ich bedaure absolut nichts, wobei ich den besten Grund dafür hätte. Ich habe neun Jahre meines Lebens „vergeudet". Was wäre, wenn ich nicht mit 32 Jahren zu fotografieren begonnen hätte, sondern mit 15? Was wäre wenn, ich mit 22 Jahren den Erfolg gehabt hätte wie ich ihn heute mit 36 Jahren habe? Meiner Meinung nach sind diese Fragen unnötig und kosten zu viel Energie, um darüber nachzudenken.

Ich bin mir sicher, wenn ich nicht diese verschiedenen Phasen in meinem Leben durchlaufen hätte, wäre ich heute ein anderer Mensch, mit anderen Fähigkeiten, welche es mir vielleicht nicht ermöglichen würden das Leben zu leben, wie ich es heute lebe.

> Ich weiß für mich selbst, dass jede Entscheidung in meinem Leben zu diesem speziellen Zeitpunkt Sinn gemacht hat und ich davon gelernt habe.

Foto von Matthias Hombauer
The Rolling Stones

Florian & Philipp
HappyMed

HappyMed Anwendung
Foto: David Lugmayr, http://davidlugmayr.at/

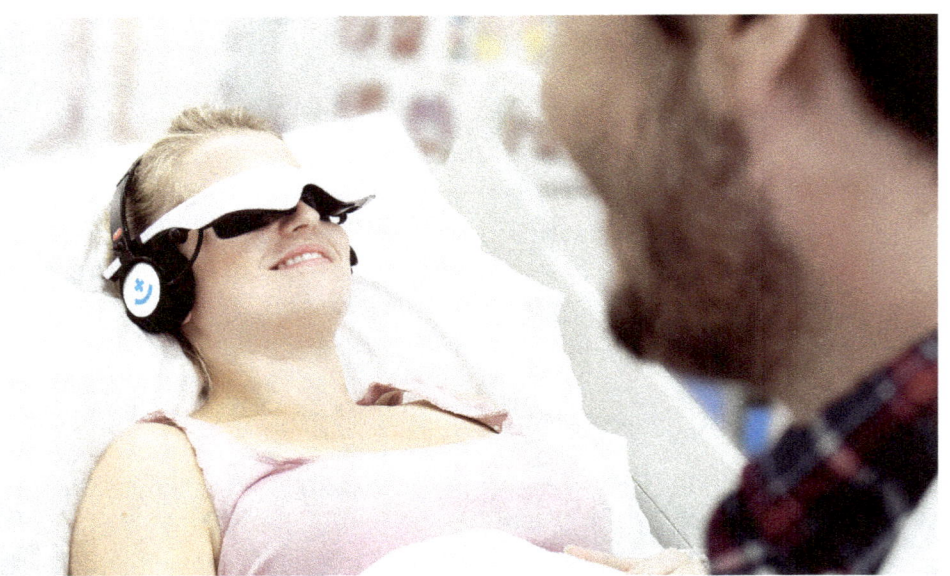

Wie seid ihr zu eurem Traum gekommen und wie ist er entstanden?
Philipp hatte 2013 eine super unangenehme Wurzelbehandlung beim Zahnarzt. Während der Behandlung hat er darüber nachgedacht, wie man diese Situationen für Patienten angenehmer machen kann und anschließend Florian von seinem Einfall erzählt. Florian hat das Problem verstanden und konnte das Gefühl richtig nachvollziehen, Philipp hat ihn mit seiner Idee angesteckt.

Welche Weiterentwicklungen gab es?
Am Anfang dachten wir, dass Zahnärzte sich am meisten für HappyMed interessieren. Später haben wir entdeckt, dass Menschen in Krankenhäusern viel mehr Hilfe brauchen, zum Beispiel während Operationen.

Das Produkt hat auch eine Entwicklung erlebt: vom Holz-Prototyp, selbst gebastelt, sogar mit Panzertape, zum klassifizierten Medizinprodukt.

Ist der Traum schon immer da gewesen oder erst ab einem bestimmten Zeitpunkt?
Unser Traum war immer, etwas Eigenes zu machen und die Welt zu verbessern. HappyMed ist unser Werkzeug dafür.

Gab es Hürden, Fehlschläge?

Es gab sogar Punkte, an denen wir nicht einmal wussten, wie es morgen weitergeht.

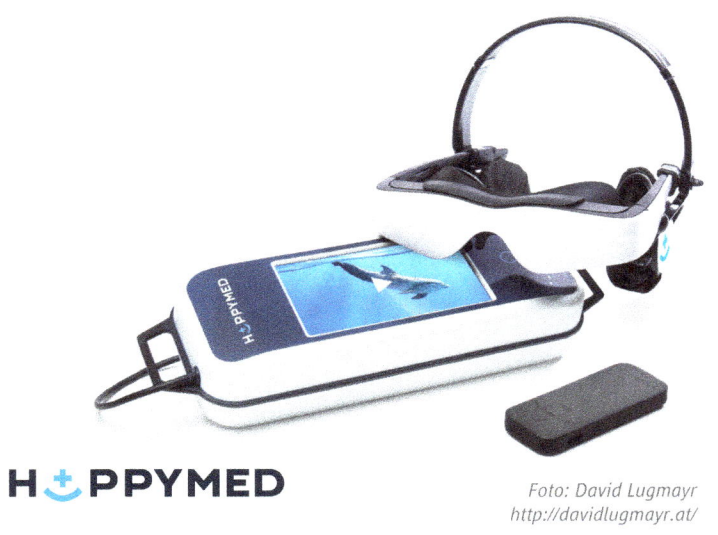

Foto: David Lugmayr
http://davidlugmayr.at/

Wir haben viele Rückschläge erlebt, aber die Euphorie über Erfolge trägt einen über die Rückschläge hinweg.

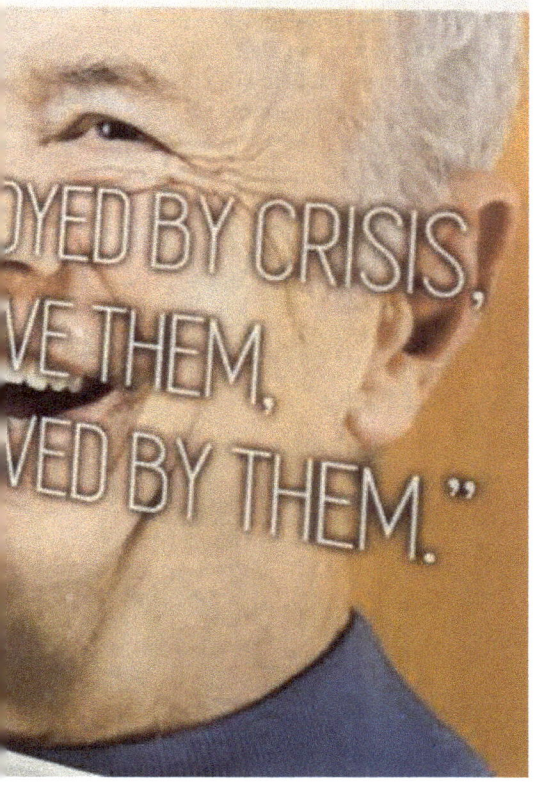

*Inspiration Wall
im HappyMed-Office*

Gab es einen Punkt, an dem ihr aufhören wolltet?
Nie! Die Fehlschläge haben uns stärker gemacht und wachsen lassen!

Jeder Fehler beinhaltet Sinn: Du kannst aus allem lernen, wenn du reflektierst.

Wie sind andere Menschen mit eurem Traum umgegangen? Habt ihr Unterstützung bekommen oder eher negative Reaktionen?
Es gab immer sehr viel Support, denn andere Menschen verstehen das Problem. Sie können sich in die kritischen Situationen hineinversetzen, haben es vielleicht selbst schon erlebt und finden, dass HappyMed eine gute Sache ist.

Habt ihr Tipps für andere Menschen, die ihren Traum realisieren möchten?
Nicht vom Weg abbringen lassen. Groß denken, aber dann kleine Schritte machen. Flexibel sein, denn es kommt immer alles anders, als geplant. Ganz viel über die eigene Idee reden, so kann sie reifen und andere Personen können weitere Türen öffnen.

HappyMed Evolution

Wie ist der Kontakt zur Dream Academia entstanden?
Das war 2009 in Hagenberg bei Startup Live, als ein Mann mit unglaublicher Ausstrahlung auf einmal vor Philipp stand und fragte: "Was ist dein Traum? Wer bist du?" Er hat ihm gezeigt, in sich hineinzuhören. Daraus entstand eine Beziehung, die über Jahre gewachsen ist. Philipp hat dann Florian dazu geholt. Die Dream Academia hat uns viele Türen geöffnet und Unterstützung gegeben. Sie war immer da, wenn wir sie gebraucht haben. Sie zeigte uns, dass es immer noch einen anderen Weg gibt, wenn man nur noch einen Abgrund oder eine Wand sieht!

Hat sich der Traum im Laufe der Zeit verändert?
Ja. Er hat viel mehr Fokus bekommen. Wir können mittlerweile zeigen, dass HappyMed wie ein Medikament wirkt, sogar ohne Nebenwirkungen. Davon hätten wir nie zu träumen gewagt!

Gibt es bestimmte Erfahrungen, die ihr teilen möchtet?
Die Erfahrung, die wir anderen gönnen, ist die eigene Idee wachsen zu sehen. Es ist auch ein sehr schönes Gefühl, Leute zu finden, die die Idee mittragen und unterstützen. Wir haben auch die Erfahrung gemacht, dass bei Personalentscheidungen Alter und Erfahrung nicht so wichtig sind. Sich den Menschen richtig anzusehen ist wichtiger!

Was habt ihr für euch persönlich gelernt?
Wir haben über unsere Fähigkeiten gelernt und auch, geduldig zu sein. Man wächst mit der Aufgabe.

Was hättet ihr gerne anders gemacht?
Wir hätten uns früher um Förderungen gekümmert. Das Finden der richtigen Finanzierungspartner haben wir unterschätzt. Wir hätten vieles anders machen können, aber das sieht man erst im Nach hinein. Außerdem hat alles einen Grund: aus allem haben wir gelernt.

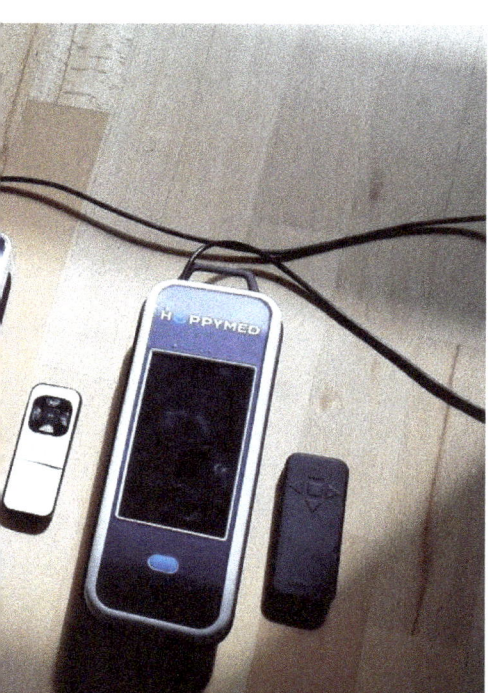

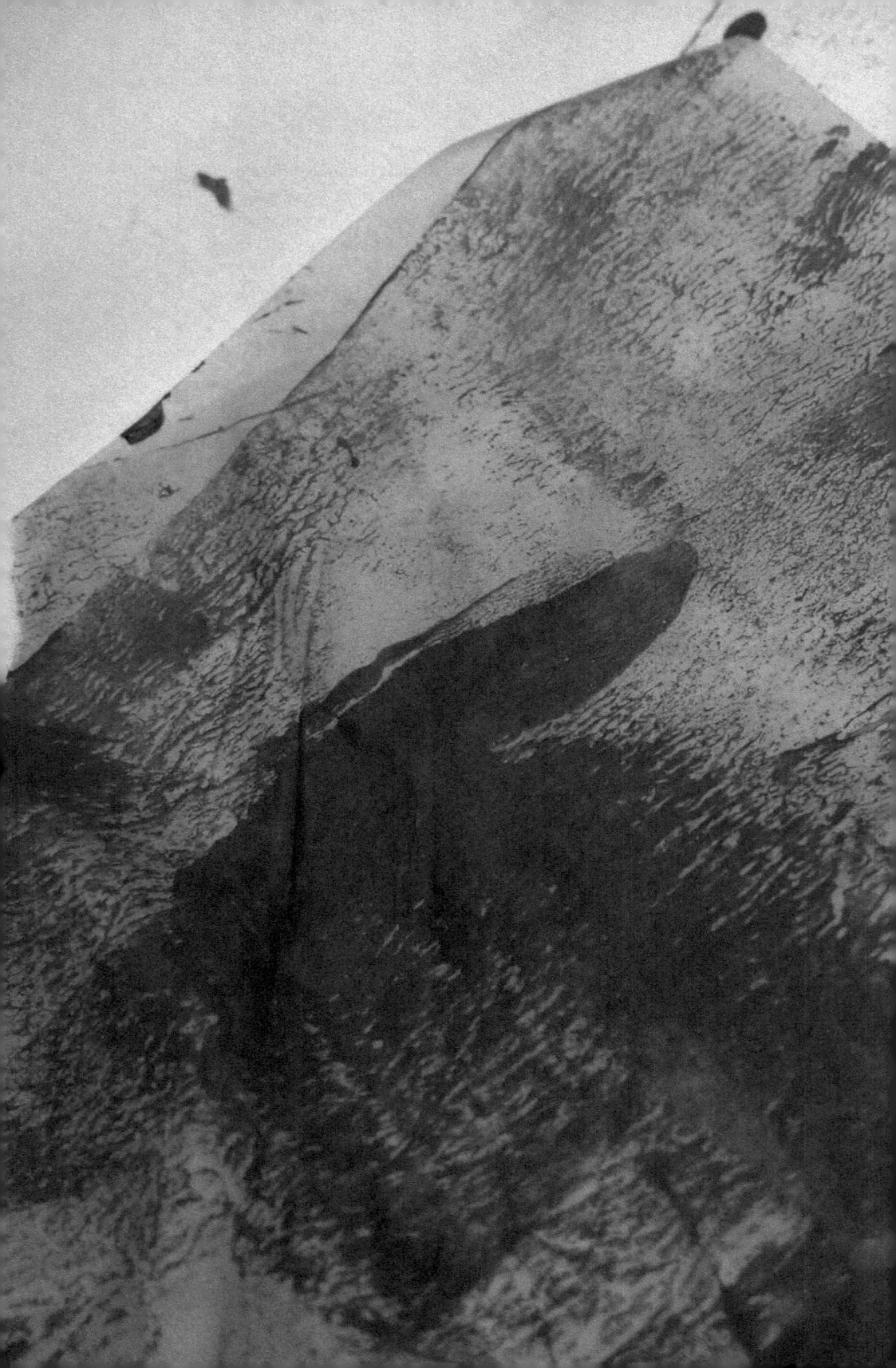

Sarah & Richard

students' innovation centre

Das [sic]

Träume werden zur Realität, wenn Menschen Taten setzen.

Jede traumhafte Reise beginnt mit der Konzentration von Energie, einer Prise Glück und hinzu kam in unserem Fall Zeit und Tatendrang. Eine Mischung aus Hingabe, Willensstärke und ehrenamtlichem Engagement entwickelte sich zu einem Zentrum für Innovation und Nachhaltigkeit, dem [sic!] – students' innovation centre.

Durch die Aufgabenstellung in einer Lehrveranstaltung, die bestehende Ideenplattform „crowdlynx" zu verbessern, wuchs die Vision des [sic!] heran. Man sah die Notwendigkeit, auch die Umsetzung der Ideen zu begleiten, damit diese nicht wieder in einer Schublade verschwinden und verstauben. Kernaugenmerk war also, die bestehenden Ideen an der Hand zu nehmen, um jenen den Weg zu ebnen, die einen positiven Beitrag zu einer zukunftsfähigen Welt leisten wollen.

«

Die Co-Founderin Sarah sehnte sich nach einer Möglichkeit, ihre Energie in Menschen zu investieren, die etwas bewegen. Richard als zweiter Gründer teilte ihre Motivation und hielt Ausschau nach Start-ups, um sie beim Gründungsprozess zu unterstützen. Außerdem brauchte es noch einen Ort, an dem sich Studierende vernetzen und an ihren Projekten arbeiten können. So wurden aus den beiden treibenden Kräften 19 Gründungsmitglieder, ein Verein mit der Vision, das Potential in Studierenden zu entfalten und sie dabei zu ermutigen, ihre Träume zu verwirklichen. Das [sic!] steht somit für die Unterstützung von Geschäftsideen und Projekten mit innovativem und ökosozialem Charakter.

Davon mussten erstmal viele Menschen überzeugt und begeistert werden. Konzepte schreiben, Ideen sammeln und umsetzen, Gespräche führen, Menschen kennen lernen und Gleichgesinnte finden; das waren die ersten nicht immer unbeschwerlichen Etappen auf unserem Weg.

Unser Zuhause ist die BOKU – Universität für Bodenkultur Wien. Daher fließt Nachhaltigkeit in unseren Adern und bestimmt verstärkt unser Handeln. In einer Welt, die von Gewinnmaximierung als Paradigma geprägt ist, braucht es eine neue Art des Wirtschaftens, welches einen Mehrwert für die Umwelt, die gegenwärtige Gesellschaft sowie auch die zukünftige schafft.

**Jede traumhafte Re
der Konzentration
Prise Glück und hin
Fall Zeit und Taten**

ise beginnt mit
von Energie, einer
zu kam in unserem
drang.

Heureka Ideenschmiede

Vor allem die Vereinsmitglieder verliehen dem [sic!] den nötigen Auftrieb und beflügelten den Traum mit ihrer investierten Zeit, ihrem Glauben an die Idee, ihrer ehrenamtlichen Arbeit und nicht zu vergessen, einer mitreißenden [sic!]ergy.

Wir sind weder basisdemokratisch noch hierarchisch strukturiert, sondern arbeiten mit der Organisationsform Holacracy. Dadurch werden die Stärken jedes Einzelnen hervorgehoben und die Identifikation mit der Organisation vertieft. Von Anfang an waren wir davon überzeugt, dass es das unbedingt braucht, um als Team zu agieren.

Unsere erste große Herausforderung bestand darin, ClimateLaunchpad 2016 in Österreich zu organisieren. ClimateLaunchpad ist der größte Wettbewerb für grüne Geschäftsideen weltweit. Wir erzielten 35 Einreichungen für die Österreich-Vorrunde! Ein weiterer Erfolg war für uns der Gewinn des Social Impact Award 2016, ein Wettbewerb ökosozialer Ideen mit speziellem Fokus auf soziales Engagement.

Seit der Vereinsgründung im Mai 2016 haben wir vor allem Veranstaltungen für Studierende in der Ideengenerierungsphase gestaltet. Seit Jänner 2017 betreuen wir motivierte Studierende zudem im Initiativenraum am BOKU-Standort Augasse, welchen wir gemeinsam mit anderen Initiativen und der Österreichischen Hochschüler-Innenschaft BOKU heimelig eingerichtet haben. Wir stehen den Studierenden mit Tipps & Tricks bei der Planung und Umsetzung von ökosozialen Projekten und Unternehmen zur Seite. Zudem wollen wir InnovatorInnen miteinander vernetzen und helfen beim Aufbau eines Teams. Studierende sind eingeladen, ihre Ideen in einem sicheren Rahmen auszuprobieren und werden in der Umsetzung unterstützt. Das nötige Maß an Bewusstsein zum eigenen Potenzial gibt's natürlich ebenso.

Das [sic!] zeigt, dass man auch bloß mit einem vagen Konzept im Gepäck weit reisen kann, wenn man offen für Feedback ist und keine Scheu zeigt, andere Reisende anzusprechen und sich über Träume auszutauschen.

Innovationsgeister am Sicathlon

Was stets unterschätzt wird: An jeder Ecke warten inspirierende Menschen und wertvolle Weggefährten, die Hilfe anbieten.

Zufällige Begegnungen spielten auch für das [sic!] selbst eine große Rolle. Das Zusammentreffen mit Katzi, der uns zur Traumwerkstatt Dream Academia einlud und von der Kraft des Willens und Glaubens erzählte: „Du kannst alles erreichen, wenn du nur fest daran glaubst." In unserem Team geht es um Gemeinschaft, Unterstützung und natürlich Spaß! Die Freude, etwas Positives zu schaffen und Mitmenschen zu bewegen, steht im Vordergrund. Gemeinsame Aktivitäten vieler Art und Team Building helfen uns, das tolle zwischenmenschliche Klima aufrecht zu halten und den Weg als Gemeinschaft zu genießen. Dadurch entwickelt sich eine Dynamik, die notwendig ist, um Träume zu realisieren.

Text: Elena Beringer, Alina Toppler und Sandra Czadul

Matthias Stelzmüller

Wie bist du zu deinem Traum gekommen und wie ist er entstanden? Welche Weiterentwicklungen gab es?

Momentan ist einer meiner Träume, das Sportmedium DailySports so genial wie möglich zu gestalten, damit ganz Österreich und vielleicht später die Welt zu erreichen und dazu beizutragen, dass die Menschen wieder sportbegeisterter werden. Sport ist so viel mehr als Fitness und gut auszusehen. Ich kenne nichts, das die Macht hat, so viele Menschen, egal welcher Herkunft, zusammenzubringen und für Gänsehaut zu sorgen.

Ich träumte vor allem davon, dass in Zukunft wieder mehr heimische Sportlerheldengeschichten, auch abseits von Ski Alpin und Fußball geschrieben werden, von denen wir dann berichten. Mein Traum ist es, ein Leben zu führen, von dem ich sagen kann:

Abgesehen von DailySports arbeite ich gerade an einem spannenden Buchprojekt mit den extremsten Sportlern Österreich, würde mich gerne im Vdeobereich austoben und vielleicht auch mit Sportbekleidung ein neues Abenteuer wagen. Aber zurück zum Start.

Ich habe hart für die vielen kleinen und großen Träume gearbeitet und habe mir viele davon erfüllt, habe Gelegenheiten genützt, Fehler gemacht und daraus gelernt und einfach die geilsten Dinge erlebt, die man erleben kann, gemeinsam mit Menschen, die ich an meiner Seite haben möchte.

Eines kann ich euch verraten ... Träume entwickeln sich ununterbrochen weiter. Das kann etwas sehr Gutes aber auch Schlechtes sein, denn ist ein Traum erstmal erreicht, strebt man gleich nach dem nächstgrößeren Traum. Träume wachsen und damit auch die Herausforderungen. Paul Scharner hat mal einen spannenden Satz gesagt: „Träume sind da, um an ihnen zu scheitern."

Ich will jetzt niemanden desillusionieren, aber Träume sind nicht immer nur die pure Heiterkeit. Sie bedeuten harte Arbeit, Schmerzen und viele Opfer. Aber sie sind der Antrieb für ein erfülltes Leben und es zahlt sich aus, für die eigenen Träume zu kämpfen. Nur wenn du für etwas hart arbeiten musst, erfüllt es dich.

Ich denke, ich muss in meinem Leben ein bisschen zurückspulen und erklären, wie es zu dieser Denkweise kam ...

Eigentlich hat mich durch meine ganze Jugend der Traum begleitet, eines Tages bei Olympia als Short-Track-Eisschnellläufer an den Start zu gehen. Ich dachte damals, dass dieses Ziel die Erfüllung meines Lebens wäre und es danach entspannt sein würde. Dieser Traum verlangte Opfer. Ich verbrachte viel Zeit in Eishallen im Ausland und arbeitete jeden Tag hart dafür. Mit 16 Jahren ging ich für mehrere Monate nach Lettland, um für den Olympia-Traum zu arbeiten. Schon vor dieser Zeit trainierte ich zweimal pro Tag, was für einen österreichischen Leistungssportler schon überdurchschnittlich ist.

Europameisterschaft Dresden, 2010

Doch erst in Lettland lernte ich, was harte Arbeit wirklich bedeutet: Wir hatten drei bis fünf Mal pro Tag Training und kamen pro Woche auf 33–38 Nettotrainingsstunden. Unser Trainer war ein ehemaliger Ausbilder der sowjetischen Armee und Coach des sowjetischen Radnationalteams. Eigentlich ging es im Training mehr ums Überleben. Ich liebte und ich hasse es zugleich, mich so zu schinden. Aber hätte ich an einem Tag nicht alles gegeben, hätte ich nicht einschlafen können. Zu wissen, was Körper und Psyche im Stande sind zu leisten, wenn man etwas wirklich will, hilft mir heute noch, wenn mal Tage vor einer Druckabgabe durchgearbeitet wird. NO PAIN – NO GAIN Schritt für Schritt kam ich damals meinem Traum näher. Die Qualifikation für Vancouver verpasste ich im Alter von 17 Jahren bei den Übersee-Weltcups. Kein Problem, denn mein Fokus lag auf Sochi 2014.

Ich konnte mich enorm steigern und zählte zu den besten europäischen Nachwuchsläufern, was mir ein Stipendium des internationalen Eislaufverbandes einbrachte. Gleichzeitig konnte ich die Bäckerei Ströck als Sponsor gewinnen. Ich wusste schon damals, dass es ohne Unterstützung nicht ging und bin selbst Türklinken putzen gegangen und versuchte, mir ein Netzwerk aufzubauen.

Trotz der Qualen ging ich mit 18 Jahren erneut nach Lettland, übertrieb es aber. Ich hatte in der Vorsaison bemerkt, dass ich mit zwei Kilogramm weniger am Eis schneller bin und redete mir ein, weiter abnehmen zu müssen. Mit einem Kampfgewicht von 68 Kilogramm habe ich damals freie Kniebeugen mit 180 Kilogramm gestemmt.

Die Essstörung war ein fataler Fehler. Durch die Belastung und die viel zu geringe Nahrungsaufnahme streikte mein Immunsystem und ich infizierte mich mit Hepatitis A. Wenn ich neben meinen Kollegen stand, leuchtete ich richtig gelb heraus.

Lange wollte ich das nicht wahr haben, weswegen ich zwei Monate weiter trainiert habe – bis ich bei den Nordamerika-Weltcups

Fotoshooting für den Sponsor „Ströck"

DAS NEUESTE KURZ:

›› Marko Arnautovic trifft für Twente Enschede im Cup
Ein Tor des ÖFB-Teamkickers (120.) schoss die Niederländer zum Sieg über De Graafschap.

›› ÖFB-Damen-Nationalelf besiegte in Portugal Wales
Zum Auftakt des Algarve-Cups bezwang Österreichs Ladys-Auswahl die Insel-Elf mit 2:1.

›› Handball-Torgarant Conny Wilczynski verletzt
Das Nationalteam-Ass fällt für den Samsung-Cup aufgrund einer Leistenverletzung aus.

›› Junioren- Ski-WM: Zwei Medaillen für den ÖSV
In Garmisch-Partenkirchen (D) standen im Super-G Mariella Voglreiter (Silber) und Anna Fenninger (Bronze) am Podest.

In Kvitfjell wartet heuer ein Helikopter
Heute kehrt der 2008 in Kvitfjell (Nor) verunglückte Matthias Lanzinger als Reporter an den Ort des Dramas zurück, wo als Reaktion erstmals ein Helikopter bereit steht.

Klitschko auf den Spuren von Rocky
Wie Kino-Boxheld Rocky sä und schleppt Vitali Klitschl (Ukr) im Training vor dem Kam gegen Juan Carlos Gomez (K ba, 21. März) in Going Holz.

Short-Track-Ass Matthias Stelzmüller (17) möchte bei seiner Heim-WM aufzeiger

Premiere: 17-jähriger Wiener mischt in der Weltspitze mit!

Der Countdown läuft! Am Freitag, Punkt 11.30 Uhr, wird die Short-Track-WM in Wien eröffnet. 171 Athleten duellieren sich dann bis Sonntag im Ferry-Dusika-Stadion um Edelmetall. Mit Veronika Windisch, Andre Pulec und Matthias Stelzmüller sind drei Österreicher am Start – für Letzteren ist es die Premiere in der absoluten Weltelite.

Die Regeln sind einfach: Bei der Short-Track-WM wird auf einer 111,12 Meter langen Bahn über die Distanzen 500, 1000, 1500, 3000 und 5000 Meter gelaufen. Im Gegensatz zum Eisschnelllauf starten bis zu acht Athleten in einem Lauf. Je kürzer die Distanz, desto spektakulärer sind die Rennen – Stürze und Kollisionen inklusive.

Entwickelt hat sich der Sport aus dem klassischen Eisschnelllauf, weil es an den benötigten 400-Meter-Bahnen mangelte. Darum lief man auf kleineren Eisflächen und Eishockey-Feldern. Daraus entstand um 1900 eine Sportart, die seit 1992 auch olympisch ist.

Short-Track-WM: Von 6. bis 8. März in Wien

Für Österreich werden die Steirerin Veronika Windisch (26), der Wiener Andre Pulec (23) und der erst 17-jährige Wiener Matthias Stelzmüller an den Start gehen. Für den zweifa chen Teilnehmer an Junioren Weltmeisterschaften ist es de erste Auftritt inmitten der Welt elite. „Wenn ich eine Runde auf steigen kann, wäre das schon ei großer Erfolg für mich", mach sich das B-Kader-Mitglied kei ne großen Hoffnungen auf ein Top-Platzierung.

Veronika Windisch („Wen alles perfekt läuft, ist ein Final platz drin") und Andre Pule („Ich will meine beste WM Platzierung, Rang 14 im Jah 2007 in Turin, toppen") werde bessere Chancen eingeräumt.

Tickets für die Short-Track WM gibt es ab sieben Euro un ter www.stadthalle.at. Kinder bi 15 Jahre haben freien Eintritt.

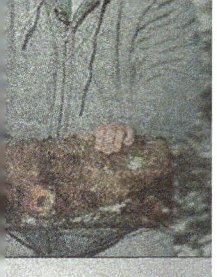

Heute Artikel 2009

beinahe von den indischen Short-Trackern abgezockt wurde. Also von den schlechtesten Läufern im gesamten Starterfeld. Als ich das einsehen musste, ist eine Welt zusammengebrochen.

Ich habe mich danach lange nicht gefangen und hatte auch mit Materialschwierigkeiten zu kämpfen. Bei uns im Sport eine absolut entscheidende Komponente. Die anderen Nationen haben dafür eigene Techniker, die darauf achten, welche Schienen auf welchem Eis, bei welcher Luftfeuchtigkeit und Temperatur am besten funktionieren. Ich hatte genau ein einziges Paar Schienen. Nach dem Motto „friss oder stirb" habe ich so Rennen auf Weltklasse-Niveau bestritten. Vor allem im Nachhinein betrachtet ist es schmerzlich zu sehen, wie viel Potenzial dadurch verloren ging.

Das letzte Jahr meiner Eislaufkarriere verbrachte ich in Budapest als Heeresleistungssportler. Irgendwann stellte ich fest, dass ich schon seit Jahren keinen Spaß mehr am Eislaufen hatte und mich nur mehr der Ehrgeiz für das Ziel Olympia angetrieben hatte. Ich wollte nicht mehr so viel im Ausland sein und in Wien trainieren. Eiszeiten waren jedoch Mangelware. Auf meine Anfrage, ob ich in Wien auf das Eis gehen dürfte, wenn die Eisflächen untertags leer standen, bekam ich die Antwort: „Wenn der Kinosaal leer ist, kommst du auch nicht gratis rein." Da riss mir der Geduldsfaden und ich schmiss alles hin.

Ich brauchte viel Zeit, um einzusehen, dass der Traum von Olympia geplatzt war. Das Ziel war nicht unrealistisch, aber ich hatte es auf ein Podest gehoben. Es war wie eine Illusion. Ich dachte, dass man danach unsterblich sei. Ich musste aber feststellen, dass es kein Schwein interessiert, auch weil unsere Medien nur alle vier Jahre über meinen Sport berichten.

Meiner Meinung nach ist Short-Track eine der geilsten Live-Sportarten, die es gibt. Diese ganzen Missstände im österreichischen Sportsystem und einige Zufälle brachten mich dann dazu, DailySports zu gründen.

Vor allem habe ich gelernt, dass sich Träume entwickeln und auch etwas Gefährliches an sich haben. Wie schon gesagt: Träume werden immer größer und größer. Mein Traum zu Beginn war es, einfach mal gut eislaufen zu können. Dann wollte ich bei Wettkämpfen teilnehmen. Irgendwann träumte ich davon, der beste Nachwuchsläufer in Österreich zu sein. Dann träumte ich, der beste Österreicher zu sein und Europacups zu gewinnen.

Kaum ist ein Ziel erreicht folgt schon der nächste, größere Traum. Im Nachhinein betrachtet war mir damals nicht bewusst, wie viele Träume ich mir im Sport eigentlich erfüllt habe. Ich denke, es ist nicht vielen Randsportlern vergönnt, mit ihrem Sport Geld zu verdienen und um die Welt reisen zu dürfen.

Als ich meine Karriere beendete, habe ich alle Medaillen und Pokale weggeräumt. Ich ertrug es einfach nicht, daran erinnert zu werden, gescheitert zu sein. Eigentlich vollkommen verrückt, als Erstes an Scheitern zu denken, wenn man die eigenen Pokale und Medaillen betrachtet.

Mittlerweile bin ich stolz auf die Erfolge, die ich im Sport hatte und sehe sie als kleine Teile von einem großen Puzzle, das noch lange nicht beendet ist.

Ist der Traum schon immer da gewesen oder erst ab einem bestimmten Zeitpunkt?
Dieser eine einzige Traum ist irgendwie noch nie da gewesen, aber ich war definitiv schon immer ein Träumer. Als ich klein war, wollte ich unbedingt Pilot werden. Da hat der Film Top Gun, der auch heute noch mein Lieblingsfilm ist, viel dazu beigetragen. Ganz nach dem Motto: „Ich spür die Gier nach Tempo in mir" kam ich dann zum Short-Track-Eisschnelllaufen. Die Träume rund um diese Sportart haben mich mit Abstand am längsten begleitet! Fast über ein Jahrzehnt konnte ich mir hier viele Träume verwirklichen und lernen, was es bedeutet, wirklich hart für einen Traum zu arbeiten und alles, wirklich alles, hinten anzustellen.

Heute denke ich, dass Scheitern etwas sehr Wichtiges ist. Etwas, wofür man dankbar sein sollte.

Es treibt einen nämlich an, noch besser zu werden, an sich zu arbeiten und noch mehr Gas zu geben.

DailySports Digilight

Gab es Hürden, Fehlschläge? Gab es einen Punkt, an dem du aufhören wolltest?

Oh Mann ... ich wüsste gar nicht, wo ich anfangen sollte. Es gab unglaublich viele Hürden. Als Sportler in Österreich hat man es nicht einfach. Wenn man aber erstmal im Ausland trainiert und bemerkt, auf welchem lächerlichen Niveau sich „Leistungssport" in Österreich abspielt, wird es kompliziert.

Im Sport fallen mir wirklich unzählige Hürden ein. Kurz zusammengefasst: Lange Krankheit, zwei gerissene Kreuzbänder, ein kaputter Meniskus, Rückenprobleme, Gefechte in den Medien mit Funktionären, Knöchelbandriss, Zysten in den Gelenken, Materialprobleme, Geldprobleme, unglaublicher Druck, den man sich selbst auferlegt und so weiter und so weiter.

Im Nachhinein bin ich aber irgendwie dankbar, dass ich das alles erleben und durchleben musste bzw. durfte. Man trifft ja die Entscheidung selbst, sich das anzutun. Ich hätte ja auch einfach als österreichischer Staatsmeister sagen können: Das reicht mir jetzt, ich schiebe eine ruhige Kugel, trainiere nur mehr die Hälfte und bleibe genau so erfolgreich wie ich bin. Aber ich wollte immer mehr. Leider habe ich es meistens mit der Brechstange probiert. Das konnte ich auch bis heute noch nicht ganz ablegen.

> Man muss lernen, dass Körper und Geist ab und zu auch eine Pause brauchen.
>
> Sonst wird man früher oder später zur Pause gezwungen.

Bodenständiges Interview mit Liu Jia

Auch heute habe ich noch Zweifel an Dingen, die ich tue. Wenn du für mehrere Tage nur wenige Stunden geschlafen hast und die volle Verantwortung für ein Projekt, in meinem Fall ein Magazin trägst, dann geht das an die Substanz.

Wenn etwas schief läuft, legst du alleine Rechenschaft für die Fehler ab. Früher musste ich eigentlich nur mir gegenüber Rechenschaft ablegen. Heute muss ich vor großen Unternehmen wie Coca Cola oder der UNIQA rechtfertigen, wieso ich etwas verbockt habe. Da ist der Druck ein ganz anderer.

Da helfen dann die Erinnerungen an die Schmerzen von früher! In einem Bürosessel den Tränen nahe zu sein ist deutlich besser als in einer arschkalten Eishalle, nachdem man schon vor Erschöpfung erbrochen hat, Freunde und Familie 1000 Kilometer entfernt sind und man weiß, dass kein Ende in Sicht ist und der Traum trotz aller Bemühungen immer weiter in die Ferne rückt!

Wie sind andere Menschen mit deinem Traum umgegangen? Hast du Unterstützung bekommen oder eher negative Reaktionen?
Sowohl als auch! Ohne Unterstützung schafft man es nicht weit. Mir haben unzählige Leute auf meinem Weg, sowohl im Sport als auch jetzt geschäftlich geholfen. Würde ich jetzt beginnen, mich zu bedanken, würde ich sicher jemanden vergessen, deswegen lasse ich es und hoffe, dass meine Helden wissen, dass ich ihnen sehr dankbar bin. Eine sehr große Rolle spielen auch Hermann und Katzi von der Dream Academia. Die beiden geben einem unglaublich viel Kraft, an sich zu glauben und an den eigenen Träumen dran zu

» **The reasonable man
the world: The unrea
in trying to adapt the**

**Therefore all progress
on the unreasonable**

adapts himself to
sonable one persists
world to himself.

depends

man. «

George Bernard Shaw

bleiben. Ohne die beiden würden viele Leben sicher ganz anders aussehen und da zähle ich meines auf jeden Fall dazu. Es gibt aber auch sehr viele Menschen, die neidisch sind, bzw. genau dann angekrochen kommen, wenn der Erfolg da ist, um die Hände aufzuhalten. Da muss man ein gutes Radar haben, um zu wissen, wer wirklich an seiner Seite steht und auch da wäre, wenn es mal nicht gut läuft.

Als ich erzählt habe, dass ich ein Print-Magazin rausbringen wollen würde, haben die meisten gemeint, dass das sinnlos ist, weil ja Print stirbt und außerdem sind da ja die großen Verlage, gegen die wir nie eine Chance hätten. Auf gut Deutsch: Ich soll es einfach bleiben lassen, weil es nur schief gehen kann. Lustig ist dann, wenn nach den ersten geglückten Ausgaben die gleichen Leute kommen und sagen: Ist ja cool geworden, aber auf Seite 47 habe ich einen Rechtschreibfehler entdeckt. Nicht falsch verstehen: Kritik ist wichtig, wirklich wichtig! Aber manchmal denkt man sich einfach nur: „suck my balls".

Wie ist der Kontakt zur Dream Academia entstanden?
So wie viele andere Zufälle ist auch der Kontakt zur Dream Aca-

demia sehr zufällig entstanden und so wie viele andere Zufälle, wirkt er, wie wenn er genau zum richtigen Zeitpunkt kam, wie vorherbestimmt. Es war genau zu der Zeit, als ich meine Sportkarriere beendet habe und mich noch in viele Richtungen neu orientiert habe. Ich habe richtig viel probiert und bin bei vielen Dingen haushoch gescheitert oder habe bemerkt, dass das, was ich mache, nicht zu mir passt oder ein Blödsinn ist. Ich musste dafür auch viel Lehrgeld bezahlen, aber wenn man daraus lernt und die gleichen Fehler nicht wieder macht, dann sind es wahrscheinlich auch keine Fehler. Deswegen ist es sicher wichtig, viel auszuprobieren und viel Blödsinn zu machen. Wer weiß, wie teuer manche Lektionen wären, wenn man sie erst Jahre später macht.

Seitdem ich Hermann und Katzi kenne, sind wir regelmäßig in Kontakt. Sie sind jedoch nicht nur da, um zu motivieren, sie sind viel mehr ein Kompass in einer unglaublich schnellen Zeit, in der man die wirklich wichtigen Dinge oftmals aus den Augen verliert.

Das zu tun, was man wirklich tun will! Beziehungsweise zuerst mal herauszufinden, was man wirklich tun will! Das ist allerdings nicht ganz so einfach.

SportDreama-Day veranstaltet von Hermann und Harald für Matthias Stelzmüller

Ich glaube, man muss viele Dinge tun, die man ganz und gar nicht machen will, um herauszufinden, was einen wirklich erfüllt.

Hast du Tipps für andere Menschen, die ihren Traum realisieren möchten?

Bleib authentisch. Für mich ist Authentizität etwas Ähnliches wie Rebellion. Wer authentisch ist, eckt nämlich bei den anderen öfters mal an und muss sich früher oder später auch auflehnen, um sich durchzusetzen, da wir alle grundverschieden sind.

In der heutigen Zeit muss man vor Sprache fast schon Angst haben. Ich glaube, dass das ein großes Problem ist und dazu führen wird, dass alles zu einem noch größeren Einheitsbrei wird.

Sei wie du bist und steh zu deiner Meinung. Denk nach, ob deine Meinung vernünftig ist und überprüfe regelmäßig, ob du das für dich Richtige tust. Wenn du zu dem Entschluss kommst, dass du etwas falsch gemacht hast, entschuldige dich und gesteh den Fehler ein, aber scheiss dich nicht davor an, eine Meinung zu haben. Eine Meinung zu haben bedeutet allerdings auch die Verantwortung zu tragen, ein Thema aus vielen Sichtweisen zu betrachten und immer wieder kritisch zu hinterfragen.

Ist eine schwierigere Materie, als ich dachte, als ich den ersten Satz dazu geschrieben habe. Aber ich denke, man versteht, worauf ich hinauswill.

Europameisterschaft Tschechien, 2012

Zusammengefasst: „Sei mutig und geh deinen eigenen Weg, ohne damit anderen zu schaden!"

Mut bekommt man in dieser Welt nicht geschenkt.

Europameisterschaft Tschechien, 2012

Was hast du für dich persönlich gelernt? Was hättest du gerne anders gemacht?
Das ist eine sehr schwierige Frage. Natürlich würde man mit der Erfahrung, die man hat, viele Dinge anders machen. Aber hätte man die Fehler nicht gemacht, hätte man auch keine Erfahrung. Es ist also wahrscheinlich gut so, wie es ist.

Eine ganz wichtige Lektion, die ich gelernt habe und die ich versuche, mir regelmäßig in den Kopf zu rufen:

Nutze jede Chance, wenn sie da ist, sie kommt vielleicht nie wieder.

Weltcup Dordrecht

Franz

qnipp

Franz Knipp

Ende 2013 reifte eine Idee heran: Jedes Kind soll die Möglichkeit bekommen, mit Spaß in die Welt der Softwareentwicklung einsteigen. Meine Tochter kam gerade in die Volksschule. Im österreichischen Schulsystem fand ich keine Ansätze in dieser Richtung.

Das war und ist für mich völlig unverständlich: Dass es an qualifizierten ProgrammiererInnen fehlt, ist ein bekanntes Problem. Die Auseinandersetzung mit dem Programmieren stärkt Fähigkeiten wie Organisation, abstraktes Denken, Problemlösung. Und nicht zuletzt: Programmieren kann viel Spaß bereiten, zumindest ist das meine Erfahrung.

Und diesen Spaß am Programmieren möchte ich vermitteln: Das Kreative, wenn man sich überlegt, wie sich eine Aufgabe lösen lässt. Die lustigen Momente, wenn ein Programm etwas Unerwartetes und Ungewolltes macht. Das Gefühl der Zufriedenheit, wenn etwas fertig ist und funktioniert.

Seitdem arbeite ich an der Umsetzung dieser Idee: Im August 2014 gab es die erste Coding Week in meinem Büro. Zwölf Kinder im Alter von 10 bis 14 Jahren nahmen teil, die meisten aus dem Ort. Zwei Eltern nahmen jedoch bis zu vier Stunden Fahrzeit pro Tag in Kauf, damit ihre Kinder auch teilnehmen konnten. Es gab eine Geocaching-Suche, eine Radtour, einen Grillabend, Abkühlung am Schwimmteich.

Harald und Hermann waren seit der ersten Formulierung meines Gedankens dabei und begleiten mich seitdem durch dieses Projekt. In meinem Umfeld hatte ich immer wieder von dieser ominösen Dre-

WENIGER GRÜBELN MEHR TUN

am Academia in Siegendorf – quasi gleich ums Eck von mir – erfahren. Der erste Kontakt mit Harald „Katzi" Katzenschläger kam im Rahmen der Erdgespräche 2013 in Wien zustande, wo er seine Geschichte erzählte, die mich sehr berührte. Ich spürte, ich möchte mit ihm zusammenarbeiten, und so wandte ich mich im Herbst 2013 an ihn.

Im August 2014 waren sie Gast bei mir und im Oktober wollte ich gemeinsam mit den beiden die nächste Veranstaltung durchführen: Ein Wochenende, 48 Stunden am Stück, mit Übernachtung am Kursort in der ehemaligen Zuckerfabrik Siegendorf. Dream Development sollte auch Bestandteil werden und so wurde der Name Dreamicode kreiert.

Es war ein Experiment, das ohne die beiden gescheitert wäre. Wir setzten uns eine Woche vorher zusammen, um die letzten Vorbereitungen zu treffen. Das war eigentlich der Plan. Meine Stimmung war getrübt, es gab bisher nur eine Anmeldung. Ich überlegte, die Veranstaltung abzusagen. Harald und Hermann waren strikt dagegen:

„Und wenn nur eine Person kommt, dann setz deinen Traum trotzdem um." »

Dreamicode
Eisenstadt 2015

Ich lernte in diesen Tagen, loszulassen und sich die Dinge selbst entwickeln zu lassen – eine Fähigkeit, die die beiden perfekt verinnerlicht haben. Sie hatten erfolgreich mehrere TEDx-Veranstaltungen – die ersten in Österreich – organisiert, daher fiel es mir leichter, sich auf ihre Intuition zu verlassen.

Eine Woche später waren acht Kinder mit vier erwachsenen Begleitpersonen da und dabei die ersten Teilnehmer, die seitdem keine Möglichkeit auslassen, jedes Jahr an den Programmiercamps teilzunehmen. Es war ein Riesenspaß und motivierte mich, weiter an der Umsetzung meines Traums zu arbeiten – und wieder neue Ideen auszuprobieren.

So gab es 2015 eine Tour durch die Bundesländer, Veranstaltungen an sieben Standorten, in Summe 70 Kinder, die teilnahmen. Es war einfach toll. So kann ich mich noch an ein junges Mädchen erinnern, das am zweiten Tag in ihrer Zeichenmappe die mit Wachsmalstiften perfekt ausgearbeiteten Illustrationen für das Spiel mitbrachte – so kann jeder etwas im Projektteam, das zwei bis vier Kinder bilden, beitragen.

Highlight war der Besuch der TEDx in Klagenfurt, die zeitgleich mit dem Programmierwochenende vor Ort stattfand. Ein junger, irischer Software-Entwickler, der mit 15 bereits drei Start-Ups gegründet hatte, war dort Redner und so wurden alle Teilnehmer des Workshops ein-

geladen und wir wurden vor seinem Vortrag offiziell begrüßt.

Neben all diesen Vorzügen zeigten sich auch die Nebenwirkungen: Mit den Vorbereitungen beschäftigte ich mich fast drei Monate rund um meine Programmierworkshops, in den Ferien meiner Kinder war ich unterwegs – Zeit, die mir für Familie und mein eigenes Unternehmen

Dreamicode Siegendorf, 2015, Kinder beim Programmieren

mit fünf Angestellten abging. Durch den Verzicht auf einen Ticket-Preis für meine Workshops – inspiriert von Harald und Hermanns eigenem Business-Modell – kann ich davon momentan weder mich, noch meine Familie ernähren.

Das bedeutete für das dritte Jahr eine Reduktion der Sommertermine auf einen Standort, in mein Büro. Dafür probierte ich eine neue Gestaltung der Kursinhalte und entwickelte sie so weiter, dass auch schon jüngere Kinder einsteigen können.

Während im ersten Jahr noch ein Bangen wegen der Anmeldungen war, zeigt sich die Beliebtheit des Angebots: Einer der Kurse im Sommer war binnen 24 Stunden ausgebucht, beim Programmierwochenende in Siegendorf durfte ich 18 Kinder begrüßen – die bisher größte Veranstaltung.

Gerade die letzte Veranstaltung hat (nicht nur) mir viel Freude und Spaß bereitet. So fällt es mir leicht, nach 13 Workshops mit über 130 Kindern und 69 gemeinsam programmierten Spielen, die sich die Teilnehmer selbst erdacht haben, mit meinem Projekt weiterzumachen.

Generell kann ich jedem empfehlen, sich nicht aufhalten zu lassen, den Traum umzusetzen, den man sich in den Kopf gesetzt hat. Weniger grübeln, mehr tun.

Eines bin ich mir für die Zukunft sicher: Ich werde mehr als einmal mit den beiden zusammensitzen, um meine Idee weiter zu entwickeln und bin mehr als dankbar, dass sie für mich da sind.

Dreamicode Weiz, 2015, Hintergrund für Käferspiel

Dreamicode Klagenfurt, 2015
Charakter für Abenteuerspiel

*Dreamicode
Siegendorf 2015*

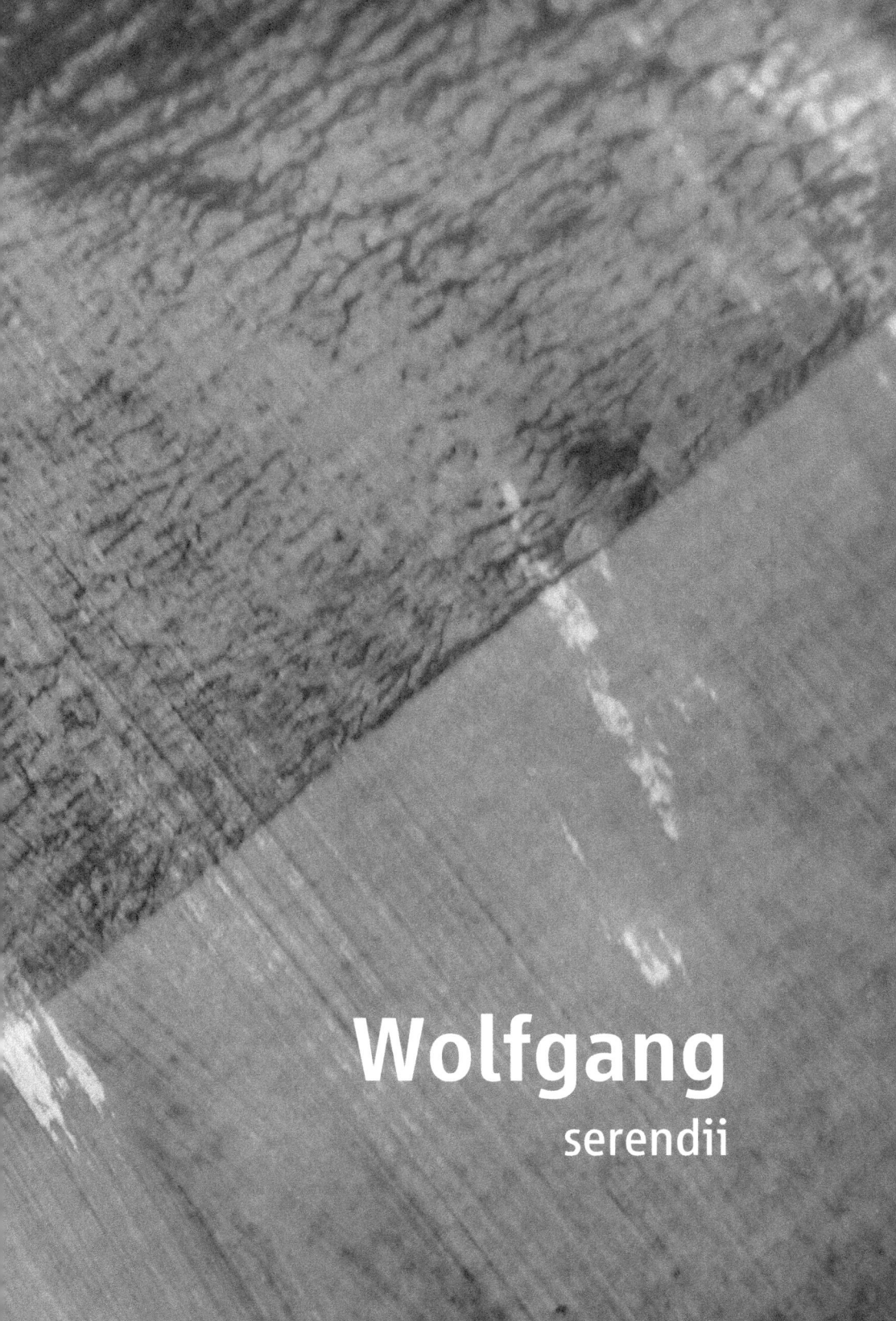

Also bei mir war es eigentlich nicht so, dass ich von Beginn an einen klaren Traum hatte und diesen dann konsequent verfolgt habe. Ich glaube, das ist auch nur bei wenigen Träumern der Fall. Viel eher ist es eine Art Ahnung, ein Bauchgefühl, das einem zeigt, in welche Richtung es gehen könnte. Vieles Weitere ergibt sich dann am Weg.

> Die Kunst besteht darin, auf diese Ahnung, dieses Bauchgefühl zu hören und es zu zulassen, anstatt immer nur den Kopf rational entscheiden zu lassen.

Interessanterweise scheinen manche Träume, die man ausspricht, aber dann irgendwann aufgegeben oder vernachlässigt hat, doch in Erfüllung zu gehen – manchmal nach sehr langer Zeit und manchmal anders, als man dachte. Als Kind wusste ich beispielsweise in der Schule schon sehr früh, dass ich gerne schreibe und dass ich gerne Geschichten schrieb und gerne einmal ein Buch schreiben wollte. Als ich dann mit der Schule fertig war und ungefähr 20, so weiß ich noch, dass ich damals von Marketing sehr fasziniert war und unbedingt Werbetexter werden wollte. Beide Träume sollten sich damals noch nicht erfüllen. We-

DANKBARKEIT

der konnte ich damals eine meiner Buchideen bei einem Verlag unterbringen, noch konnte ich, so viele Bewerbungen ich auch aussendete, einen Job als Werbetexter bekommen.

Aus einer Unternehmerfamilie stammend liegt es mir irgendwie im Blut, Dinge anzugehen und Dinge auszuprobieren. Noch während der Schulzeit war ich für eine Promotionfirma tätig, während meines Zivildienstes dann auf freiberuflicher Basis wenig erfolgreich für den Vertrieb eines brasilianischen Alkopop-Getränks unterwegs, was mich in die Event-Schiene führte und zur Gründung einer ebenso nicht allzu erfolgreichen Eventagentur mit einem Partner, was wir nach ein paar Veranstaltungen bald wieder ließen.

Vor und noch etwas nach dieser Zeit jobbte ich auch als Barkeeper in einer Karaoke-Bar in Wien. Das waren meine ersten Erfahrungen meiner „Ausprobieren"-Phase im Schnelldurchlauf – ich habe sicher schon ein paar Dinge auch wieder vergessen. Entmutigt, dass meine Vorhaben nicht so richtig klappten und mit leerer Börse bewarb ich mich bei einer großen Spedition und bekam zu meiner nicht unbedingt freudigen Überraschung sofort einen Job als Disponent. Schon bald wusste ich, dass ich dort nicht ewig bleiben wollte. Ich schickte täglich Container um die Welt, sah aber nie einen davon, sondern immer nur Zahlen am Computer, die ich gar nicht richtig verstand.

Eineinhalb Jahre hat es dann gedauert, bis ich in die Zentrale einer großen Supermarktkette wechselte, zuerst ins Callcenter, um Reklamationen und manchmal auch Lob entgegenzunehmen und dann in die Einkaufsabteilung. Dieser Job machte mir schon etwas mehr Spaß, aber irgendwie spürte ich, dass ich wieder etwas Eigenes machen wollte. Mein eigenes „Baby" sozusagen.

Da ich während meiner Eventagentur-Erfahrung die Gastronomie-Konzessionsprüfung abgelegt hatte und zwischen den Jobs bei der Spedition und der Supermarktkette eine New-York-Reise unternahm, bei der es mir die dortigen Delis sehr angetan hatten, dachte ich, die Gastronomie wäre mein Ding und plante, mich mit einem Deli selbständig zu machen. Damals erzählte ich kaum jemandem von meinem Traum – schon gar nicht meiner Bank natürlich – wer würde einem 24-Jährigen denn schon Geld für ein solches Konzept geben, dachte ich mir damals und erzählte dem Finanzierungsberater, ich wolle mir eine Wohnungseinrichtung kaufen, um den Kredit zu bekommen. Praktischerweise wurde mir beim Gespräch auch eine Kreditkarte mit angeboten und eine zweite hatte ich ja schon.

Ich nutzte meine wenigen Ersparnisse, vor allem aber alle Kontenrahmen, die mir zur Verfügung standen, um diesen vermeintlichen Traum zu erfüllen, besichtigte ohne großes Wissen meiner Freunde und Familie Geschäftslokale, handelte Preise mit Lieferanten aus und fuhr kreuz und quer durch die Gegend, um die Geschäftsausstattung teils neu, teils gebraucht zu besorgen und die Genehmigungen zu bekommen.

Und eines Tages war es so weit und zur Überraschung vieler eröffnete ich Metro Deli in Wiener Neustadt. Da ich nur wenige in meine Ambitionen eingeweiht hatte, brachte ich mich allerdings wahrscheinlich um viele Erfahrungen von Leuten, die es vielleicht dann doch besser wussten. Um Geld für die Miete zu sparen, da mein Sortiment sowieso einzigartig in der Stadt war, ignorierte ich die drei Erfolgsfaktoren der Gastronomie: Standort, Standort und nochmals Standort.

Das Lokal war zwar in der Nähe des Hauptplatzes, aber eher unscheinbar gelegen und hatte kaum Laufkundschaft. Zwar gab es wirklich einige begeisterte Stammkunden, die sich über 15 verschiedene Donutsorten und diverse Bagels in allen Variationen freuten, doch das reichte bei weitem nicht, um die immer höher werdenden Kosten durch immer höhere Rahmenüberziehungen zu decken, geschweige denn neue Ware einzukaufen. Schon nach einigen Monaten musste ich den Entschluss fassen und zusperren, so schmerzlich es war.

Mit rund 40.000 Euro in der Kreide und dank meiner „ausgeklügelten" Finanzarchitektur rund 1600 Euro an monatlichen Verbindlichkeiten, die ich niemals bedienen konnte, plagte mich nicht nur die plötzliche Armut und die Abscheu vor dem Selbsteingeständnis, gescheitert zu sein, sondern auch der Gedanke,

Logo Metro Deli

wie es weitergehen sollte. In dieser Zeit hatte ich viel zu verarbeiten und habe angefangen, autobiografische Werke über diese Zeit und meine Gedanken zu schreiben. Hier fand ich also, jetzt im Rückblick betrachtet, wieder den Weg zum Schreiben. Ich habe keine Ahnung mehr, wie ich in der ersten Zeit die hohen finanziellen Forderungen an mich abdecken konnte. Es war ein tägliches Jonglieren mit den wenigen Einnahmen und den vielen Ausgaben, um irgendwie weiter zu machen und weiteren Schaden oder Stillstand so weit wie möglich zu begrenzen. Irgendwann konnte ich mich allerdings durch Unterstützung zweier Menschen, die mir privat eine größere Summe liehen, mit den Gläubigern auf eine Abschlagszahlung und geringere Raten etwa bei einem Drittel der ursprünglichen Monatssumme einigen.

Ich recherchierte Tage lang im Internet, was ich denn machen könnte und machte dann z. B. ein paar Tage auch einen Telefonakquisejob, der mir gar nicht lag und bei dem ich nochmals 500 Euro Pönale zahlen musste, weil ich die vorgegebene Anzahl an Anrufen nicht schaffen konnte und auch nicht mehr wollte.

Bei meinen Recherchen stieß ich irgendwann auf ein kleines Online-Inserat „Texter gesucht". Ich bewarb mich und recht schnell bekam ich den Auftrag. Eine Textagentur aus Norddeutschland suchte jemanden, der Texte für eine Webseite schreiben konnte. Ich wusste nicht, ob ich das konnte. Ich wusste nur, dass ich gern schrieb und auch die Rechtschreibung beherrsche, also probierte ich es. Und es war gut. Die Kundin war sehr zufrieden. Und ich merk-

Obwohl scheinbar alles dagegen sprach, war für mich klar, dass ich nicht mehr in einen klassischen Job gehen wollte, sondern möglichst weiter mein eigenes Ding machen wollte, was auch immer das sein sollte.

te, dass mir das Spaß machte. Da mein Firmentitel offiziell noch aufrecht war, konnte ich auch gleich eine Rechnung schreiben. Ich suchte mehr und mehr nach diesen Jobs und auch diese Kundin schickte noch immer wieder etwas. Ich setzte viele Hebel in Gang, machte in meiner Verzweiflung E-Mail-Aussendungen, die von den Empfängern zu Recht als Spam eingestuft wurden und die mir böse zurückschrieben.

Ich richtete eine kleine Webseite ein, um so für mich zu werben. Ich meldete mich in Texter-Netzwerken an und bekam auch von dort einige kleine Aufträge von anderen Textern, die gerade zu viel zu tun hatten. Hier gab es ein paar Personen, die mich eine Zeit lang begleiteten und ihre Erfahrungen mit mir teilten. So wurde ich auch darauf aufmerksam, dass es so etwas wie Interview-Transkriptionen gab und erfuhr die Abläufe. Daraus entwickelte sich neben dem Texten ein eigener kleiner Geschäftsbereich.

Da ich gerade sehr angetan von dem Buch „Die 4-Stunden-Woche" von Tim Ferriss war, wollte ich mein kleines Unternehmen eigentlich zu einem virtuellen Assistenzdienst ausbauen und erkundigte mich sogar bei potenziellen Kunden, welche Services sinnvoll wären, um diese auch noch anzubieten. Doch es funktionierte nicht und erst viel später bemerkte ich, dass mein Sortiment allgemein zu breit war und ich mich nur auf Texte und Transkriptionen konzentrieren soll-

te, was ich dann auch tat. Irgendwann kam ich dann auf einer Feier meines Onkels mit Harald Katzenschläger, „Katzi", von der Dream Academia in Kontakt. Ich kannte ihn zwar schon von früher, da ich im selben Ort aufgewachsen war, in dem auch er wohnte, aber wusste nichts von der Dream Academia.

Das dürfte circa zwei Jahre gewesen sein, nachdem ich das Deli aufgegeben hatte und das Texten entdeckt hatte. Ich merkte in unserem Gespräch wohl an, dass ich bisher von daheim arbeitete und ich etwas Büroatmosphäre brauchte, da ich mich noch immer nicht fühlte, als wäre ich Unternehmer. Er machte mich auf leerstehende Büros aufmerksam, die sich, wie ich später erfuhr, direkt im Herzen von Dreamicon Valley befanden.

Einige Zeit später (Serendipity?) lernte ich beim Feiern meines Geburtstages in einem Lokal einen selbständigen Webdesigner etwa in meinem Alter kennen, der ebenfalls gerade ein Büro suchte. Volltrunken besprachen wir, das Büro im Dreamicon Valley besichtigen zu wollen. Keiner von uns dachte wohl in dieser Nacht damals ensthaft, dass wir es auch tatsächlich tun würden. Doch wir taten es und teilen uns bis heute, rund sechs Jahre später ein Büro im Dreamicon Valley.

Es waren noch einige harte Jahre und viel Optimierung an officework.at, wie meine Textagentur damals hieß, heute officeworx.at. Heute denke ich, dass manche Dinge einfach genau diese Zeit brauchen. Damit man Fehler machen kann und die Gelegenheit hat, Dinge zu verbessern, Kontakte knüpfen kann und auch Kontakte, die weniger gut funktionieren, wieder aufgeben kann. Auch trägt jeder Arbeitstag dazu bei, das eigene Geschäft und Tun besser zu verstehen und das bringt dann natürlich irgendwann Wettbewerbsvorteile. Ich erinnere mich da immer gerne an den Satz, der irgendwie so geht:

> Wenn du eine Sache, egal welche, 10.000 Stunden lang tust, zählst du zu den besten der Welt darin.

Es gab immer wieder schwere Zeiten, da die Auftragslage nicht immer stabil war und ich gleichzeitig noch die Kosten aus dem Deli decken musste. Dennoch wusste ich instinktiv, dass es nur mehr einen Weg nach vorne für mich gab, keinen zurück mehr. Auch wenn dies manchmal 80- und 100-Stundenwochen bedeutete. Ich hatte ein Stück davon gekostet, was ich tun könnte und wer ich sein wollte und das wollte ich um keinen Preis aufgeben. Im Gegenzug hatte ich auch viele Freiheiten. Denn ich hatte mir meinen neuen Traum von Anfang an so gestaltet, wie ich es wollte. Im Deli hatte ich das noch nicht so bedacht. Dort musste ich jeden Tag um 6:00 Uhr Früh aufstehen, die Bagels und die Vitrine vorbereiten, um dann auf wenige Kunden zu warten.

In jedem Fall ist es, denke ich,
wichtig zu verstehen, dass
man seinen Traum so gestalten
kann, wie man möchte.

Bei officeworx war das ganz anders. Ich konnte dieses Geschäft voll und ganz an meinen Biorhythmus anpassen und das war gut so. Ich brauchte keine Öffnungszeiten und konnte den Großteil der Kommunikation per E-Mail abwickeln, was meinem Wesen mehr entsprach. Bis heute ist auf der Webseite keine Telefonnummer zu finden, weil ich einfach nicht der Telefoniertyp bin. Einige Kunden haben zwar meine Nummer, aber ich weiß, dass auch diese den Schriftverkehr bevorzugen … zieht Gleiches Gleiches an, kommt mir da manchmal in den Sinn!?

»

Ich schätze es sehr, keine fixen Arbeitszeiten zu haben, auch wenn sich in sehr aktiven Zeiten dennoch eine gewisse Regelmäßigkeit einpendelt und ich sehr oft sehr weit über 40-Stunden-Arbeitswochen hinausschieße. Aber der Vorteil ist, ich weiß dann, warum ich um 6:00 Uhr in der Früh aufstehe oder bis tief in die Nacht arbeite und es ist ein gänzlich anderes Gefühl. Mittlerweile habe ich ein Team um mich herum und möchte auch ihnen diese möglichst große Zeitflexibilität bieten. Schließlich hat jeder einen anderen Biorhythmus und andere Lebensumstände. Darüber hinaus versuche ich eine Umgebung zu schaffen, in der sich jeder freut, in die „Arbeit" zu gehen und weiß, dass er oder sie es nicht nur für Geld macht. Es ist noch neu für mich, aber langsam entwickle ich auch ein Gefühl dafür, wer gut zu uns passt, wenn wir Bewerber einladen.

Ein entscheidendes Kernelement, um den eigenen Traum zu leben, habe ich schon recht bald entdeckt. Dankbarkeit. Zwischendurch, immer wenn kleinere oder größere Meilensteine geschafft wurden, recke ich gerne die Fäuste in den Himmel und rufe freudig Danke. Danke, dass das alles passieren darf! Im Büro bei uns gibt es seit jeher auch ein Ritual, das mich genau daran immer erinnert. Wir haben da eine Auftragsglocke – eigentlich ist es eine Schiffsglocke, die bei uns jedes Mal geläutet werden darf, wenn ein Auftrag reinkommt.

Ich denke, vieles ergibt sich am Weg, wichtig ist es, einmal loszugehen. Das habe ich auch wieder vor etwa drei Jahren bemerkt. In dieser Zeit habe ich mich dank officeworx und selbst geschriebener und veröffentlichter Bücher schon mehrere Jahre mit den Themen Texten und Bücher umgeben. Der nächste logische Schritt, einen Verlag zu gründen, kam dann schon viel leichter zustande. Bei einer TEDx Pannonia lernte ich den Speaker Raja Öllinger-Guptara kennen, der mich mit seinem Talk über Träume sehr faszinierte. Er selbst hatte seine Träume auf drei Kontinenten verwirklicht. Nach seinem Talk sprach ich ihn an und fragte, ob er ein Buch oder etwas hätte, um mehr über seine Tipps und Learnings zu erfahren. Er verneinte, wir wollten aber in Kontakt bleiben. Etwas später schrieb er mir über LinkedIn, dass ihn mittlerweile noch andere Personen auf ein eventuelles Buch angesprochen haben, er aber kein Buch hatte und auch nicht wusste, wie man ein Buch schrieb, aber er hatte in meinem Profil gesehen, dass ich mit dem Schreiben zu tun hatte und ob wir dieses Projekt nicht zusammen angehen wollten.

Zu diesem Zeitpunkt dachte ich noch lange nicht daran, einen Verlag zu gründen, doch es war der Startschuss für den Buchverlag serendii und in sich einer dieser Serendipity-Momente, wie sie mich mein ganzes Leben bereits begleiten. Gemeinsam mit Raja arbeitete ich an seinem Buch „Der Midas-Effekt".

Je mehr sich das Buch vervollständigte, umso eher drängte sich die Frage auf, wie es veröffentlicht werden sollte. Zudem fiel mir auf, dass es in meinem Umfeld einige Personen gab, die wirklich außergewöhnliche Geschichten zu erzählen hätten, die sich für Bücher eignen würden, doch diese Personen nicht wussten, wie man das macht, also ein Buch zu schreiben und zu veröffentlichen. Ich wusste es. Ich hatte es schon mehrfach getan. Spätestens jetzt reifte in mir die Idee, einen eigenen Buchverlag zu gründen.

Ich recherchierte längere Zeit, wie dies funktionieren konnte. Einen Businessplan hatte ich noch nie in meinem Leben geschrieben und bis heute halte ich nicht viel davon. Für mich muss eine Milchmädchenrechnung genügen, von der ich überzeugt bin, dass sie so funktionieren kann. Ich habe die besten Partner gefunden, die mir Flexibilität und gleichzeitig große Reichweite für die Buchdistribution boten und machte mich mit den rechtlichen Rahmenbedingungen vertraut. Ich wusste, dass sich auch hier wieder viele Fragen erst mit dem Tun beantworten würden und so gründete ich 2014 serendii publishing.

serendii Flyer

Seither hat sich viel getan. Es sind mehrere Bücher, darunter auch in Englisch, Russisch und Ukrainisch erschienen, wir wurden zur StadtLesen-Tour durch Deutschland, Österreich und die Schweiz eingeladen und unsere Bücher wurden sogar auf der Frankfurter Buchmesse präsentiert. Wir haben ein paar Wege gefunden, wie der Buchverlag und –vertrieb für uns funktioniert und sich für uns gut anfühlt und sehr viele, die für uns nicht funktionieren.

Bei officeworx hat es acht Jahre gedauert, bis das Geschäft ein Niveau erreicht hatte, das ich tatsächlich als erfolgreich bezeichnen wollte und wo die meisten Kinderkrankheiten und Hürden beseitigt waren. Es braucht manchmal einfach diese lange Zeit, um immer wieder zu optimieren und Lehren zu ziehen.

Wie auch Raja in seinem Buch sagt, gibt einem dies den winning edge, also den entscheidenden Vorteil vor dem Wettbewerb. Vielleicht wird es bei serendii auch acht Jahre dauern, vielleicht geht es diesmal auch etwas schneller, doch mittlerweile weiß ich, dass es eintreten wird, solange ich konsequent an diesen Traum glaube und dranbleibe, bereit dazu bin. Hilfreich dabei ist, dass sich die Ahnung, die ich anfangs nur von meinem Traum hatte, in etwas etwas Greifbareres verwandelt hat. Mein Traum besteht heute vor allem darin, ein Unternehmen, am besten gefällt mir der Begriff Family Business, zu entwickeln, das sich in mehreren Feldern bewegt, das alle Beteiligten gut versorgen soll, einen Arbeitsort bietet, an dem wir möglichst viel Spaß im täglichen Tun miteinander haben und das gleichzeitig in der Lage ist, Positives in und für die Welt da draußen zu bringen. Ich spüre, wir sind da auf einem guten Weg. Und was mir noch mehr Energie gibt, ist, dass ich spüre, dass wir noch sehr, sehr weit gehen können. Wir haben gerade erst begonnen.

In mir schlummert eine Revolutionärin, die bei Ungerechtigkeit zu einer „unstoppable" Person wird.

Wie bist du zu deinem Traum gekommen und wie ist er entstanden? Welche Weiterentwicklungen gab es?
Mein Traum hat sich aus einem extremen Gefühl des „Eingesperrtseins" in meiner Arbeit entwickelt. Ich habe mich ungerecht behandelt UND eingesperrt gefühlt. Das war zu viel für mich.

Außerdem hatte ich nichts zu verlieren. Die perfekte Ausgangssituation, um meinen Traum von einem Arbeitsumfeld, in dem ich das machen kann, was ich liebe, zu erschaffen. Ich stelle immer wieder fest, dass ich es zum Glück schaffe, negative Energie in etwas Neues umzuwandeln. Diese Energie war am Anfang meines Traumes fast schon unheimlich. Nichts und niemand konnte mich von meiner Idee, den ersten Coworking Space in Österreich außerhalb Wiens zu eröffnen, abbringen. Dass es kein gutes Geschäftsmodell ist – „ist mir doch egal". Ich wusste einfach, dass ich es kann und will. Dieser unumstößliche Wille ließ mich rund um die Uhr daran arbeiten.

Auch war ich nie ein besonders extrovertierter Mensch. Der Traum allerdings änderte das. Jede Veranstaltung, jedes Netzwerkevent – ich war dabei und mir war auch nichts zu blöd. Leute, die mir kritisch gegenüber standen oder mich belächelten, bestärkten mich indirekt, denn ich dachte mir „ihr werdet schon noch sehen". Und das ist immer noch so.

Ist der Traum schon immer da gewesen oder erst ab einem bestimmten Zeitpunkt?
Nein, er war nicht immer da. Er hat sich durch meine Lebensumstände und Erlebnisse ergeben.

Gab es Hürden, Fehlschläge? Gab es einen Punkt, an dem du aufhören wolltest?
Nicht jeder Tag ist ein Sonnenscheintag, wenn man seinen Traum umsetzt. Manchmal kommen große Zweifel, aber ich finde, das ist okay, das gehört zum Reflektieren dazu. Aufhören wollte ich noch nie.

Wie sind andere Menschen mit deinem Traum umgegangen? Hast du Unterstützung bekommen oder eher negative Reaktionen?
Menschen, die mich aus der Ferne beobachteten, fanden das alles ganz toll. Meine Familie und

Freunde waren nicht so recht von meinem Traum zu begeistern. Sie hatten Angst um mich. Das ist aber nur ein Zeichen dafür, dass ich ihnen nicht egal bin. Ihre kritischen Anmerkungen haben mich noch intensiver nachdenken lassen, ob ich, was ich vorhabe, wirklich in letzter Konsequenz will und sie haben mich viele Argumente finden lassen, warum es klappen wird.

Wie ist der Kontakt zur Dream Academia entstanden?
Wir haben uns im Sektor5 Coworkingspace in Wien kennen gelernt. Ich erinnere mich noch, dass ich dachte, der Mann hat was Großes vor. Er hat eine Präsentation über das Dreamicon Valley gemacht vor vielen versammelten Menschen. Einen Tag später habe ich ihn über Facebook kontaktiert, weil das, was er über das Leben gesagt hat, total vertraut klang für mich – wie wenn man einen Seelenverwandten trifft. Katzi hat innerhalb von 30 Sekunden zurückgeschrieben. Das hat mich beeindruckt. Ich war es gewohnt, dass Manager oder Macher ein großes Ego haben und auf eine Facebooknachricht sowieso nicht antworten. Worauf er erwiderte: „Simplicity is the ultimate sophistication". Was mich noch einmal beeindruckte. Ich erinnere mich ganz genau. Von da an waren wir in Kontakt.

Hat sich der Traum im Laufe der Zeit verändert?
Ja schon. Typischerweise will man dann, wenn der Traum geklappt hat, mehr davon. So habe ich jetzt fünf Jahre herumprobiert, wie ich das „mehr" möglich machen könnte. Da waren viele Irrwege und Enttäuschungen dabei.

Was das ist? Den Coworking-Gedanken nicht nur in der Nische der Coworkingspaces für Startups und Kreative zu etablieren, sondern die Idee des Miteinanders für alle möglichen Orte der Arbeitswelt und später auch außerhalb der Arbeitswelt salonfähig zu machen. Wenn wir zusammenhelfen, hat unser Planet genügend Ressourcen für alle. Es ist nicht nötig, dass wir uns durch Konkurrenzkampf gegenseitig wertvolle Lebensenergie rauben.

Hast du Tipps für andere Menschen, die ihren Traum realisieren möchten?
Eigentlich nur den einen: do what you love.

Ich denke, wir haben jetzt einen Weg gefunden, um das Unmögliche möglich zu machen.

Gibt es bestimmte Erfahrungen, die du teilen möchtest?
Ich denke, jeder muss seine Erfahrungen selbst machen – dann ist die Lernkurve am steilsten. Ich glaube grundsätzlich niemandem, der meint, er muss mir erklären, wie die Welt funktioniert. Darum mache ich das eigentlich auch nicht.

Was hast du für dich persönlich gelernt? Was hättest du gerne anders gemacht?
Von Anfang an nichts persönlich zu nehmen. Ich glaube, das ist die größte Errungenschaft der letzten Jahre. Ich habe gelernt, dass man es nie allen Menschen recht machen kann, weil wir alle viel zu verschieden sind und dass das nichts mit meiner Arbeit oder meinen Ideen und wie ich sie umsetze zu tun hat.

Wenn wir zusamm
Planet genügend
Es ist nicht nötig,
Konkurrenzkampf
Lebensenergie rau

enhelfen, hat unser
Ressourcen für alle.
dass wir uns durch
gegenseitig wertvolle
ben.

Literaturverzeichnis

Kurt Tepperwein: Verwirklichen. Vom positiven Denken zum positiven Leben
Peter Alexander Hackmair: Freigereist
Han Byung-Chul: Müdigkeitsgesellschaft
Dr. Joseph Murphy: Das Erfolgsbuch
Rhonda Byrne: The Secret
Pierre Franckh: Wünsch es dir einfach

Internetverzeichnis

http://www.mrgoodlife.net/de/inspire-de/was-waere-wenn-geld-keine-rolle/, 26.8.16
https://www.sein.de/alles-macht-sinn/, 26.8.16
http://www.martinklapheck.de/grenzen-im-kopf/, 26.8.16
http://www.coaching-up.de/wie-sie-ihre-lebenstraeume-wahr-machen/, 27.8.16
http://www.bihlmaier-mentaltraining.de/mentaltraining.php, 27.8.16
http://www.gedankenpower.com/innere-blockaden-loesen-um-erfolgreicher-und-gluecklicher-zu-leben/, 27.8.16
http://www.psychotipps.com/unterbewusstsein.html, 2.9.16
http://www.empathie-lernen.de/affirmation-definition, 2.9.16
http://www.spiritlight.de/heilung/Affirmationen.htm, 2.9.16
http://www.ideenfindung.de/Laterales-Denken-neue-Blickwinkel-Edward-de-Bono-Ideenfindung.html, 3.9.16
http://www.evidero.de/traueme-verwirklichen/, 5.11.16
http://www.duden.de/rechtschreibung/Lebenstraum, 14.8.16
http://www.dreamacademia.at/dreamascorner/wp-contentuploads/2012/12/78-80_DreamAcademia1.pdf, 14.8.16
https://www.nachhaltigkeit.at/home/services/webtipps/archiv-2010/dream-academia, 14.8.16
http://burgenland.org/de/projekte/detail?project=33, 14.8.16
http://www.psychotipps.com/unterbewusstsein.html, 20.8.16
http://www.spiritlight.de/heilung/Affirmationen.htm, 20.8.16

www.ingramcontent.com/pod-product-compliance
Lightning Source LLC
Chambersburg PA
CBHW050552160426
43199CB00015B/2636